DA ESTRATÉGIA JUDICIAL

CONTRACORRENTE

DA ESTRATÉGIA JUDICIAL

JACQUES VERGÈS

Tradução de Marly Peres
Revisão técnica de Rafael Valim

Avaré
2025

CONTRACORRENTE

EDITORA CONTRACORRENTE
Travessa Vergílio de Araújo Valim, 167
Avaré – SP – Brasil | CEP 18707 815
www.editoracontracorrente.com.br
contato@editoracontracorrente.com.br

EDITORES
Camila Almeida Janela Valim
Gustavo Marinho De Carvalho
Rafael Valim
Walfrido Warde
Silvio Almeida

EQUIPE EDITORIAL
COORDENAÇÃO DE PROJETO: Erick Facioli
PREPARAÇÃO DE TEXTO: Amanda Dorth
DIAGRAMAÇÃO: Gisely Fernandes
CAPA: Giovani Castelucci e
Guilherme Vieira (Estúdio Daó)

EQUIPE DE APOIO
Carla Vasconcelos
Regina Gomes
Geovanna Sales
Julia Falanghe

Dados Internacionais de Catalogação na Publicação (CIP)
(Câmara Brasileira do Livro, SP, Brasil)

Vergès, Jacques, 1925-2013
Da estratégia judicial / Jacques Vergès ; tradução de Marly Peres. -- Avaré, SP : Editora Contracorrente, 2025.

Título original: De la stratégie judiciaire.
ISBN 978-65-5396-292-7
1. Ciências políticas 2. Crime político 3. Direito - Aspectos políticos 4. Julgamento I. Título.

25-276742 CDU-34:32

Índices para catálogo sistemático:

1. Direito e política 34:32
Eliete Marques da Silva - Bibliotecária - CRB-8/9380

@editoracontracorrente_
Editora Contracorrente
@ContraEditora
Editora Contracorrente

“O aparelho do Estado, que inclui exército, polícia e justiça, é o instrumento com o qual uma classe oprime a outra”.

MAO TSE-TUNG
A Situação e a nossa política após a vitória.

PREFÁCIO

À EDIÇÃO BRASILEIRA

É rigorosamente impossível ser indiferente à extraordinária figura de Jacques Vergès. Admirado por uns, abominado por outros, o consagrado advogado francês ousou enfrentar a hipocrisia e o bom-mocismo que prevalecem nos mundos da política e do direito. Em suas palavras, "minha lei é estar contra as leis porque pretendem deter a história; minha moral é estar contra as morais porque pretende paralisar a vida".

A sua fascinante trajetória, marcada por mistérios e lacunas, fê-lo compreender a complexidade da natureza humana e assumir os enormes riscos de opor-se a todo e qualquer tipo de linchamento, ainda que fosse de seus inimigos. Frases como a que inaugura esta obra – "uma sociedade sem crime é como uma roseira sem rosas: inconcebível" –, para além de marcar seu inconfundível estilo provocador, assinalam a sua notável postura perante a falibilidade e a miséria humanas.

Nascido em 5 de março de 1925, em Ubon Ratchathani, na Tailândia, filho de um diplomata francês e de uma professora vietnamita – que faleceu quando ele tinha apenas três anos de idade –, cresceu na Ilha da Reunião. Em 1942, engaja-se na Resistência Francesa, liderada por Charles de Gaulle, para combater as forças do Eixo.

Depois da Segunda Grande Guerra, ingressa no curso de Direito da Universidade de Paris e passa a participar de movimentos comunistas e anticolonialistas.

Ganha notoriedade por ocasião da defesa dos militantes da Frente de Libertação da Argélia (FLN), notadamente de Djamila Bouhired, condenada à guilhotina pela morte de onze pessoas em um atentado à bomba, mas cuja pena não foi executada em razão da atuação decisiva de Vergès. É justamente nesse caso que o célebre advogado inaugura, com grande êxito, o seu modelo de defesa de ruptura, investindo contra a legitimidade da justiça dos colonizadores.

Em 1965, casa-se com Djamila Bouhired, com quem teve dois filhos. Entre 1970 e 1978 desaparece, dando lugar a toda sorte de teorias sobre o seu paradeiro nesse período.

Ao retomar o exercício da advocacia, dedica-se a casos rumorosos, como os de Klaus Barbie, ex-oficial da Gestapo, julgado em 1987 por crimes contra a humanidade, e Ilich Ramírez Sánchez (Carlos, o Chacal), militante venezuelano envolvido em ações armadas e atentados na Europa.

Em todos esses casos, que lhe renderam alcunhas como a de "advogado do diabo", aproveitava o palco judicial para denunciar as contradições e o cinismo das potências ocidentais. Assim, por exemplo, durante o julgamento de Klaus Barbie, lança-se contra o Tribunal para afirmar que os crimes imputados ao seu cliente também foram praticados pela França durante a colonização. Da mesma forma, Vergès relembrava, a propósito da hipocrisia dos países do "primeiro mundo" no tema da corrupção, que aos corrompidos do Sul correspondiam os corruptores do Norte.

O livro que ora apresentamos ao público brasileiro é, sem margem a dúvidas, a obra-prima de Jacques Vèrges e a sua tardia publicação em nosso país comprova a imaturidade de nossa cultura política e jurídica. Concorde-se ou não com as lições aqui expostas, a leitura do texto atilado e erudito de Vergès nos humaniza ao convocar para uma reflexão sobre o papel da justiça no nosso tempo.

É nesta obra que Jacques Vergès consagra a célebre distinção entre processos de ruptura e processos de conivência, determinada pela atitude do acusado em face da ordem pública. No dizer do autor, se o acusado a aceita, "o processo é possível, constitui um diálogo entre o acusado que se explica e o juiz cujos valores são respeitados. Se ele a recusa, o aparelho judicial se desintegra; é o processo de ruptura".

Embora Vèrges não tenha sido o primeiro a praticar a chamada "defesa de ruptura",[1] a ele devemos atribuir a criação do termo e a sua conceituação. Trata-se de uma estratégia defensiva que erode a legitimidade do tribunal, ressignifica os fatos levados a juízo e coloca a jurisdição diante de suas próprias contradições. Rejeita-se o pacto implícito do sistema judicial, subtraindo-se das formas processuais e simbólicas do julgamento.[2]

A muitos a defesa de ruptura se converteu em um mito, em algo fora de moda.[3] Lamentavelmente, porém, parece-nos que a defesa de ruptura está mais viva que nunca. As disfunções nos sistemas de justiça contemporâneos, em todas as latitudes, conferem uma atualidade indiscutível à defesa de ruptura.

Aliás, a história recente do Brasil é prova do que estamos a dizer. A brilhante defesa levada a cabo por Cristiano Zanin e Valeska Zanin Martins no caso Lula é um exemplo emblemático de uma defesa de ruptura, por meio da qual se desnudou a maior farsa do sistema de justiça brasileiro.

Não escondemos que a coragem de Vèrges nos inspira, assim como nos inspira Sobral Pinto, para quem

---

1 Marcel Willard foi um grande advogado comunista do período entreguerras e um dos pioneiros na defesa de ruptura, como atesta seu livro intitulado *La défense acuse* (WILLARD, Marcel. *A defesa acusa*: de Babeuf a Dmítrov. Rio de Janeiro: Editorial Calvino, 1946).

2 GARAPON, Antoine. "La dimension cérémonielle de la reconnaissance dans la justice". *Revue d'éthiaue et de théologie morale*, n 281, pp. 82-83.

3 ORTIN, Julien. "La défense de rupture est-elle toujours pertinente?" *Les cahiers de la justice*, 2021/2, pp. 327-329.

a advocacia não é uma profissão para covardes. Reconhecer o direito de defesa mesmo ao nosso adversário mais radical é o único caminho para a construção de uma sociedade verdadeiramente democrática.

Rafael Valim e Walfrido Warde

PREFÁCIO

À SEGUNDA EDIÇÃO

Compreender a justiça como "um mundo nem mais nem menos cruel do que a guerra ou o comércio", como "um campo de batalha", aquilatá-lo e analisá-lo como ele é, o que poderia ser mais útil nestes tempos de rearmamento da acusação criminal? A única resposta a essa política, cujo último avatar é a lei "Segurança e liberdade", não se encontra em lamentações, mas no rearmamento da defesa. A lei nunca é boa: não há passado feliz nem futuro melhor ou preocupante: há uma defesa morta ou viva.

Em novembro de 1968, *Da Estratégia Judicial* resultou em uma onda de repressão contra militantes de esquerda. Abriam-se quatro ou cinco anos que poderiam permitir a aplicação de alguns princípios simples, livres dos nossos *a priori* morais ou políticos: foi um fracasso. "Conivência ou ruptura" foi um mero slogan. O passado e o prestígio de Vergès tinham autoridade, mas, como se para melhor afastar o que ele realmente disse, reduziu-se tudo a critérios de comportamento perante a audiência. O tom, a agressividade, a declamação, a força verbal representavam a "ruptura", com um sucedâneo de "defesa coletiva" feita pela reunião de alguns advogados em torno das mesmas causas. Mas talvez os militantes, os desafios, os combates da época também não estivessem à altura.

Em seguida, a venda do livro desacelerou, como se ele devesse ser descartado com a guerra da Argélia, sob a alegação de que fora uma experiência muito excepcional, muito radical. Sua recirculação data dos anos 1976-77, graças aos militantes do Comitê de Ação dos Prisioneiros que, ao sair dos muros da prisão, atacavam os processos, as condenações e as penas, e graças também *às Boutiques de droit* que, confrontados com a justiça quotidiana, sabiam que as "pobres pessoas" estão perdidas se fizerem o jogo da conivência. No marasmo do pós-esquerdismo, uma frente judicial se afirmava novamente contra a acusação quotidiana, centrada no "direito comum". Um bom número de processos mais ou menos importantes foram conduzidos segundo essa ótica, quer para lutar contra um despejo, quer contra uma acusação de roubo em uma grande loja, ou contra as prisões de segurança máxima.

Quais são os traços fundamentais dessa defesa? Primeiro, que tudo se decide a partir da atitude do acusado. Não é de um advogado ou magistrado, mesmo que de esquerda, que se deve esperar uma defesa de ruptura: não existem advogados e magistrados militantes com os quais se possa contar. Além disso, que todo processo esconde um confronto político e que a justiça está sempre armada para defender a ordem estabelecida. Finalmente, que a moral individual, a virtude da justiça, a inocência ou a culpa de um homem, o seu bom direito, têm apenas uma relação distante com um confronto judicial no qual o que está em causa é somente uma questão social.

Defender-se em um terreno minado, referir-se a outra moral, a uma outra lei, não se entregar, não desistir: eis o que Vergès não se cansou de nos dizer. Michel Foucault, Jean Lapeyrie, dos Comitês de Ação Prisão--Justiça, responsável pelo jornal *Le Cap*, Dominique Nocaudie, das *Boutiques de droit*, Christian Revon, da rede Defesa Livre, entre outros, retomam contato com Vergès e lhe dirigem essas questões:

Nocaudie — Por quais razões, em sua opinião, os advogados, e os juristas em geral, opõem-se à estratégia judicial e à defesa de ruptura?

Vergès — Eles estão ali para ajudar a resolver conflitos sociais, não para exacerbá-los. Só quando a máquina apresenta uma falha é que se veem, por um instante, levados a refletir sobre o sentido e a finalidade da lei. Mas como esses idólatras acreditam – ou fingem crer – no caráter sagrado da justiça, a questão não tarda a esmorecer.

Revon – Para retomar o título de sua introdução, vou perguntar: "Quem é você? Um iconoclasta?"

Vergès – Na verdade, eu odeio imagens prontas. É preciso ter assistido a um interrogatório ao final de uma instrução - quando o juiz ordena seu quebra-cabeças, como um editor de cinema diante de seus *rushes*, para torná-la compreensível (isto é, letal) ao tribunal (isto é, à maioria silenciosa) e constrói sua acusação com base em estereótipos - para perceber a que ponto o lugar-comum é antropofágico.

Lapeyrie – Você não acredita no bom juiz?

Vergès – Bons juízes, como heróis da imprensa sentimental, não existem. A menos que se diga "bom juiz" como se diz que Napoleão foi um bom general. Sob este ponto de vista, há de fato juízes eficazes - e tanto mais eficazes quanto mais nos fazem esquecer que são juízes, isto é, guardiões da paz.

Foucault – Diante das novas formas de práticas judiciais que a lei "Segurança e liberdade" quer impor, como, em sua opinião, pode-se adaptar as estratégias de ruptura sugeridas em seu livro?

Vergès – Na época da guerra da Argélia, muitos magistrados que hoje protestam contra o projeto Segurança-liberdade encobriam a tortura. Sabe-se por acaso de algum processo por tortura que tenha tido sucesso? E muitos dos meus confrades levaram ao Ministro da Justiça da época uma petição para reclamar sanções contra os advogados da F.L.N. O texto importa menos do que como olhamos para ele, ou do que a comunicação com a opinião pública, não petrificada por uma pesquisa, mas avaliada em seu movimento. Se Isorni foi punido mais severamente do que eu, não é porque dos processos da F.L.N aos da O.A.S. os textos tenham mudado, nem que o brilho desses textos fosse diferente dos meus, mas porque eu defendia vencedores e ele vencidos.

Lapeyrie – O que constituiu para nós, prisioneiros de direito comum, a importância de seu livro foi a forma como você rejeitou a distinção entre processo político e processo de direito comum, para substituí-la por conivência e ruptura. Esta continua sendo sua posição?

Vergès – A distinção entre crimes de direito comum e crimes políticos é uma distinção da qual eu sempre desconfiei, mesmo quando as circunstâncias fizeram de mim um advogado dedicado quase que exclusivamente a causas políticas, porque ela não esclarece em nada o desenrolar do processo. Ela minimiza a importância política, social, moral que um crime de direito comum pode ter e ela oculta o aspecto sacrílego do crime político de alguma relevância. Assim que se derrama sangue, o crime político perde seu caráter político e passa a estar sujeito à repressão de direito comum.

Foucault – Seu livro foi elaborado e escrito em uma conjuntura histórica determinada e, mesmo se em seu projeto ele ultrapassava amplamente o quadro da guerra da Argélia, este evento ainda está muito presente e, sem dúvida, comanda uma parte de suas análises. Você não acha que o desenvolvimento prático de uma nova estratégia judicial implicaria um trabalho de análise e críticas globais do funcionamento judicial atual? E como pensa que se poderia levar a cabo tal trabalho, coletivamente?

Vergès – O que distingue a ruptura, hoje, é que ela já não é mais o tema de um pequeno número em circunstâncias excepcionais, mas de um grande número através dos mil e um problemas da vida cotidiana. Isso implica uma crítica global ao funcionamento da justiça e não apenas de seu aspecto penal, como há vinte anos. Implica também que, a um coletivo fundado nas regras do centralismo democrático, se substitua uma rede que garanta a circulação das experiências e o encontro dos grupos existentes, preservando-lhes a autonomia e a iniciativa. Essa é a tarefa assumida pela rede Defesa Livre, fundada em Sainte-Baume em 26 de maio de 1980.

Nocaudie – Você imaginou que a técnica, a defesa de ruptura fosse aplicada à defesa dos direitos da vida cotidiana?

Vergès – Não, mas fico contente. Isso prova que a estratégia judicial não mais me pertence, que ela já não é mais apenas assunto das pessoas de toga, mas das pessoas de jeans.

Revon – O título de sua conclusão me leva a perguntar: "Qual é sua lei?"

Vergès – Minha lei é ser contra as leis, porque elas pretendem deter a história; minha moral é ser contra as morais, porque elas querem congelar a vida.

Para Djamila Bouhired

INTRODUÇÃO

QUEM SÃO VOCÊS?

Uma sociedade sem crime é como uma roseira sem rosas: inconcebível. A contradição é sua própria condição de existência e o crime é o sinal que a vida lhe dá para mudar: um simples fato como o crime do pároco de Uruffe colocou em termos urgentes perante os Concílios o problema da difícil castidade dos membros da Igreja; assim como o processo de eutanásia de Liège propôs a adaptação da deontologia médica ao desenvolvimento simultâneo da ciência e do comércio.

O processo tem por função resolver as contradições entre indivíduos e sociedades com a concordância – ou pelo menos a aquiescência – dos próprios acusados. Por trás das palavras pomposas de defesa social, emenda, reclassificação, perdão, liberdade condicional, a sociedade busca recuperar seus filhos pródigos. E o erro mais grave que um juiz pode cometer é confundir um filho de família com um inimigo das leis. Assim, ele trai seu papel que é o de permitir que o acusado se renda, revelando-o a si mesmo. Como Sonia, em *Crime e castigo*, ou Leontine, em *L'Homme traqué* – todo criminoso que tem problemas carrega uma prostituta em seu coração. Essa não é uma característica especial da alma eslava ou do submundo. O oficial Rossel, que se imaginava o Bonaparte da Comuna, quis apertar a mão do coronel Merlin antes de morrer, seu juiz e carrasco, para "prestar homenagem à sentença", dizia ele. Merlin recusou. Ele estava errado: Rossel seria recuperável para as expedições coloniais.

Mas acontece também de forças ameaçadoras se desenvolverem no seio do Estado como corpos estranhos. Elas pretendem, em vez de corrigi-la, destruir a ordem existente e substituí-la por uma nova ordem. São contradições que excluem qualquer compromisso. Desde que elas não levem a uma guerra civil e à repressão coletiva, o papel da justiça é tentar resolvê-las com os meios dos quais dispõe – o que não é sem esperança, pois o acusado nem sempre está consciente do mundo novo que anuncia; muitas vezes ele concorda em se encontrar com seus juízes no campo das velhas leis, especialmente quando, por uma ironia da história, elas parecem ser provisoriamente favoráveis a ele.

A justiça é, de fato, uma questão de Estado quando o Estado é forte, mas, quando este enfrenta uma crise, ela volta a ser a Justiça – com maiúscula – à qual o Estado deve prestar contas. Porque já não tem mais força para comandar, o Estado se vê confrontado pelas regras que ele próprio decretava nos tempos de seu poder. Adornada como um ídolo ou vestida como uma criada, a justiça, no entanto, não muda sua função a serviço das classes dominantes: resolver em benefício destas as contradições sociais reveladas pelas violações da lei.

São os processos de falsa conivência ou de ruptura não assumida. Fingindo aceitar a lei e a moral – e até mesmo defendê-las – uma das partes, ao menos, já decidiu a questão segundo seu único interesse político. Prudente demais para se expor abertamente, ela coloca sobre seu rosto de ferro uma máscara de legalidade.

Os tristes fazem seu deleite sombrio desses processos de pesadelo, em que os adversários se enfrentam às cegas no longo túnel dos procedimentos, sem que jamais os ilumine a chama de uma ruptura total. Seria melhor que tentassem compreender este mundo – nem mais, nem menos cruel do que a guerra ou o comércio.

Muitos erros judiciais não foram necessariamente, no início, erros políticos. Tornaram-se quando a empreitada fracassou. O processo dos Rosenberg, nos Estados Unidos, por exemplo, tinha como objetivo não uma verdade de espionagem, mas explicar o escândalo do salto tecnológico da URSS unicamente como resultado da traição dos comunistas e progressistas americanos apresentados como agentes de Moscou. Até o último minuto, foi preciso, para que fossem perdoados, não um novo elemento confirmando sua inocência, mas a confissão de sua culpa.

Por trás da máscara de uma justiça apolítica, revelava-se a lógica dos processos de ruptura, seja de ruptura aberta ou de fingida conivência: a antijustiça. Aqui, o inocente é o culpado, o culpado é o inocente. Um sinal negativo precede as circunstâncias atenuantes, um sinal positivo torna favoráveis as circunstâncias agravantes.

A distinção fundamental que determina o estilo do processo penal é a atitude do acusado em face da ordem pública. Se ele a aceita, o processo é possível, constitui um diálogo entre o acusado que se explica e o juiz cujos valores são respeitados. Se ele a recusa, o aparelho judicial se desintegra; é o processo de ruptura.

Desde a ausência de processo devido à ausência de problemas – o grau zero da justiça – até o ponto de ebulição do processo de ruptura, há, naturalmente, espaço para cem nuances, cem graus diferentes.

Processos de ruptura e processos de conivência são apenas esquemas. A ruptura nem sempre é total, a conivência raramente é perfeita, a resignação nunca é livre de revolta. E mesmo quando, na sinfonia do processo, as posições de acusação e defesa são opostas, é necessário levar em conta os outros instrumentos: a esfera civil, a imprensa e, de modo mais geral, a opinião pública, as testemunhas, os próprios juízes e os jurados. O processo de Luís XVI é um processo de ruptura do ponto de vista de Saint-Just; do ponto de vista do rei, é um processo incompreensível.

A velha distinção entre processo de direito comum e processo político é secundária, embora os processos de direito comum sejam frequentemente processos de conivência e os processos políticos processos de ruptura, pois as duas definições não se sobrepõem.

Nas sociedades de consumo, muitos conflitos políticos tornaram-se conflitos de gabinete, como se dizia, ao tempo da Revolução, das guerras do século XVIII – limitadas em suas consequências, em oposição às guerras revolucionárias que levavam à subversão completa dos Estados. A nobreza do motivo não é mais do que a respeitabilidade burguesa das infrações políticas sem importância.

Os crimes que amadurecem à margem dessa sociedade, entre aqueles a quem são reservadas a violência e a crueldade, expressam rupturas mais profundas, ainda que sejam de direito comum, como a fome, o desemprego ou a prostituição. Cartouche e Mandrin, cujos retratos adornavam as casas rurais, também foram personagens de ruptura.

Se os adversários podem escolher entre duas atitudes, ruptura ou conivência, três combinações principais são possíveis: conivência-conivência, conivência-ruptura, ruptura-conivência.

Na primeira hipótese, ambas as partes podem, desde que joguem bem, ganhar ao mesmo tempo – o inimigo sendo os autos, o Destino.

Na segunda e na terceira hipóteses, aquele que escolhe a ruptura tem sempre a possibilidade de virar a mesa, caso esteja perdendo; ele é o mestre do jogo. Admiremos, no encontro entre Ricardo III e Lady Anne, a eficácia de uma mudança de frente judicial – da conivência à ruptura. Assassino do marido, depois do pai e por fim do sogro de Lady Anne, Henrique VI – cujo cadáver, em seu caixão aberto, os separa – Ricardo tenta, a princípio, negar o crime. Mas Lady Anne o obriga a confessar. Então, não contente em admitir que matou, Ricardo ainda lhe exige que entre em sua cama.[4] Vencida, Lady Anne consente.

O estilo de um processo é, assim, o melhor revelador do verdadeiro caráter da oposição entre a acusação e a defesa: quando, em abril de 1961, teve início em Jerusalém o processo do coronel da SS Eichmann, um dos principais responsáveis pela "solução final", o massacre científico de seis milhões de judeus europeus, poder-se-ia pensar que aquele seria o maior processo de ruptura da história. Foi, contudo, um processo de conivência. O que os juízes de Jerusalém condenavam por meio de Eichmann não era o imperialismo – do qual eles eram solidários –, mas a forma que ele tinha assumido com o nazismo; não era o crime, senão que apenas o desleixo dentro do crime. À luz dessa perspectiva, os horrores do nazismo tornavam-se o pesadelo monstruoso de uma espécie de Marquês de Sade germânico – uma doença da alma – do qual Eichmann, transformado em personagem psicopatológico, pôde, por sua vez, se declarar vítima. Assim, ele colocava diante de seus juízes – que sabiam que a fome hoje na Ásia mata com mais eficácia e compromete menos do que as câmaras de gás – o problema do "indizível, da aterradora banalidade do mal".[5]

Se o processo é a atualização das contradições sociais em seu aspecto individual, é sempre a política – no sentido mais amplo do termo – que lhe determina o objetivo: único e claro, quando a vontade de vencer é poderosa; confusa e instável, quando é fraca.

---

4 "Aqui, a primeira vitória de Ricardo. Enquanto mentia, enganava, negava o crime, ele reconhecia a existência da ordem ética. Agora reduziu-a a pó" (KOTT, Jan. *Shakespeare, notre contemporain*. Paris: Julliard, 1962).

5 ARENDT, Hannah. *Eichmann à Jerusalem*: rapport sur la banalité du mal. Paris: Gallimard, 1966.

Os políticos modernos deveriam meditar sobre os processos antigos. Eles aprenderiam como um acusado pode caminhar em direção a uma vitória difícil, desde que tenha uma ideia precisa do objetivo que persegue. Jesus, por exemplo, cuja glória e sobrevivência não teriam sido as mesmas sem a Paixão e sem a Cruz.

No mundo "branco para a colheita", ele sabia que sua morte havia sido decidida pelos sacerdotes. E nada fez para evitá-la. Seu processo é, desde o início, uma provação concebida e modelada por ele mesmo até a Ressurreição – cada etapa, como uma cena de tragédia, progredindo inexoravelmente rumo ao desfecho fatal.[6] Sua tarefa, ao mesmo tempo em que provocava o teste de força, era parecer sofrê-lo; ao manifestar as fraquezas do homem, revelar a constância de Deus. É com voz suave que ele profere suas blasfêmias, e o de que nos lembramos são as bofetadas dos servos em seu rosto e a coroa de espinhos dos soldados em sua cabeça. Esquecemos o esforço inútil do procurador para salvá-lo. E seu processo "como os outros", perfeitamente conforme ao que se fazia na época, assume por séculos caráter de escândalo. Seu passo, no curto caminho marcado por três quedas que o separa do Gólgota, não é aquele, decidido, do filósofo, mas sim a marcha dolorosa do proscrito, abandonado por todos – e era preciso que assim fosse. Seu tormento é o dos escravos. Até mesmo os bandidos de conivência que o cercavam se voltaram contra ele, criminoso de ruptura, para que se cumprissem as Escrituras: "Eu sou um verme e não um homem, o opróbrio dos homens e o desprezado pelo povo".

---

6 A morte horrível, literária, de São João Batista, não acrescentou nada à sua extraordinária personalidade, que fez Jesus se inclinar, nem a seu ensinamento, porque de sua morte ele foi objeto, não ator.

Maravilhosa eficácia, simples beleza, em contraste com um processo de Ben Barka, em que todos gritam juntos, cada um por si, agitadores cubanos, oficiais de assuntos indígenas, agentes triplos e interesseiros abusivos. Imagina-se Jesus na audiência, defendido por um advogado romano progressista, sua vida elogiada por um belo espírito da procuradoria da Judeia?[7] Alguns mortos pesam mais que o monte Taichan, outros menos que uma pena, já dizia Sema Tsien.

Quem são vocês? O que representam? Qual é a razão de serem históricos? – perguntava em 1925 o acusado comunista Rakosi aos magistrados do regente Horthy. Estas são as perguntas que os juízes, os procuradores e os acusados deviam fazer a si mesmos no início de qualquer processo.

7 José de Arimateia, que teve a piedade de recolher seu corpo, também teve o bom gosto de não se manifestar na audiência.

CAPÍTULO I

OS PROCESSOS DE CONIVÊNCIA

O PROCESSO DO DR. ADAMS

Todas as características dos processos de conivência são comandadas pela necessidade fundamental de respeitar a ordem estabelecida – que o acusado se declare inocente e negue os fatos ou que, declarando-se culpado, esclareça as circunstâncias excepcionais.

No caso geral em que o réu contesta os fatos, o processo é centrado em torno das seguintes questões: o crime foi provado? A instrução e a investigação policial são conclusivas? O acusado tinha razões pessoais para cometer a infração que lhe é imputada?

Por meio de uma crítica dos testemunhos, das perícias e das investigações, isto é, dos erros objetivos ou subjetivos dos investigadores – e, nesse domínio, o progresso científico traz diariamente novos elementos de certeza e de dúvida –, o acusado tenta provar, na falta de sua inocência, ao menos a ausência de prova de sua culpabilidade; o que deve beneficiá-lo, pois em uma sociedade em paz consigo mesma um erro judicial que conduza à condenação de um inocente constitui uma causa potencial de desordem mais grave do que a absolvição de um culpado.

Absolvido, ele entra na linha. Marguerite Marty, processada por homicídio, abre um restaurante; Marie Besnard, acusada de envenenamento, se torna novamente empreendedora. É nos processos de direito comum que a defesa de conivência atinge mais frequentemente a sua perfeição.

O processo do Dr. Adams, em Londres, em 1957, é deste tipo.[8] A vítima e o acusado são ambos ingleses, ambos da alta burguesia. Pertencem ao mesmo mundo

---

8 Ver POTTECHER, Frédéric. *Trois procès*. Ed. Arthaud, 1964.

que seus juízes e reivindicam, portanto, a mesma moral e a mesma "verdade".

O Doutor Adams, médico talentoso, morava há 35 anos na pequena estância balneária de Eastbourne, no Sul de Londres, onde dispunha de uma rica clientela de idosos aposentados. Ele foi acusado de ter "ministrado doses maciças de morfina e de heroína a Edith Morrell, de 82 anos, no dia de sua morte, em 13 de novembro de 1950": 164 comprimidos, sem contar 1.629 comprimidos de barbitúricos e 1.928 de sedormina. A senhora, que deixou uma fortuna de 157.000 libras esterlinas, havia legado ao Dr. Adams seu Rolls-Royce e um estojo com prataria. O crime parecia ter sido cometido por interesse. "A Sra. Morrell faleceu em 13 de novembro. Adams prescreveu 6 comprimidos de heroína em 9, 10, 11 de novembro. No dia 12, véspera da morte, ele prescreveu 12 comprimidos para um único dia, quando a dose normal é de um quarto de comprimido a cada vinte e quatro horas. Não havia ali a prova de uma intenção de matar?" Seu comportamento também parecia estranho: "quando lhe disseram, em Eastbourne, que sua cliente havia sido assassinada, ele simplesmente declarou: "Um assassinato? Provem-no!" Quando foi acusado, ele ousou dizer aos policiais: "Eu não acreditava que conseguissem provar isso". Quando foi preso, os policiais o ouviram murmurar à sua assistente: "Nos encontraremos no céu".

"No dia da morte da Sra. Morrell, o acusado foi à prefeitura de Eastbourne para tratar de certas formalidades ligadas à cremação de sua cliente. Como exige a lei, ele foi obrigado a responder à pergunta; "O senhor tem, tanto quanto saiba, algum interesse pecuniário na morte da Sra. Morrell?" O que ele respondeu? Senhoras e senhores, o acusado respondeu por escrito: "Não, não que eu saiba" – sendo que ele havia procurado um notário antes da morte de sua cliente, para que este acrescentasse ao testamento um codicilo relativo ao legado do Rolls-Royce e das joias".

Tal era o estado da acusação quando o processo foi aberto no Tribunal de Old Bailey, em Londres. O trabalho da defesa, assegurado por Sir Geoffrey Lawrence, antigo presidente do Tribunal Internacional de Nuremberg, será refutá-la ponto por ponto, no que diz respeito à própria realidade do envenenamento, ao comportamento de seu cliente e ao suposto interesse que teria podido motivá-lo a agir.

Primeiramente, a defesa desqualificará as testemunhas. Tendo feito com que as enfermeiras – testemunhas de acusação – confirmassem que o Doutor Adams havia administrado à Sra. Morrell, quase em coma, "injeções especiais de morfina e de outras substâncias", o defensor contrapõe os cadernos que elas mantinham e onde anotavam os cuidados dispensados à paciente, bem como suas reações – cadernos estes negligenciados pela acusação.

"Na verdade, esse caderno é seu diário de anotações, não é, Sra. Stronah?

— Sim.

— Ótimo. Bem, neste diário, Sra. Stronah, a senhora anota que o último dia passado ao lado da cama da Sra. Morrell foi muito melhor: 'A doente está calma, interessa-se pelas coisas', e 'o dia está sendo muito melhor'.

— Certamente.

— Disso concluo que em Eastbourne, tal como aqui em seus depoimentos, sua memória a traiu...

— Eu não sei...

— A senhora não sabe, mas graças aos seus cadernos nós sabemos. O que é notável também é que a senhora não menciona em suas anotações esse tipo de coma de que nos falou. A senhora escreveu, creio, semi-inconsciência. Nada disso aparece nos seus diários. A senhora notou mudanças de humor, acessos de fúria. Isso é completamente diferente.

– É isso mesmo.

– Não é? Bom. Permita-me, Sra. Stronah, fazer-lhe uma pergunta: a senhora pensa que uma doente semi-inconsciente conseguiria ingerir no dia 2 de novembro de 1950, ou seja, no último dia de seu turno, o almoço indicado nessas anotações?

– O almoço?

– Sra. Stronah, por favor, leia-nos o menu que foi servido à doente pela enfermeira Mason Ellis.

– Está escrito: 'Mingau de aveia, perdizes, aipo, pudim, conhaque e soda'.

– O que acha disso, Sra. Stronah?

– Depois de seis anos, é difícil conseguir me lembrar...

– Evidentemente.

– Todas essas coisas foram servidas à doente em quantidades muito pequenas, certamente...

– Sra. Stronah, quer dizer que para aquela senhora idosa que estava em uma espécie de coma foi servida uma pequena quantidade de mingau de aveia, uma pequena quantidade de aipo, uma pequena quantidade de pudim? E assim por diante?

– Sim.

– Sim? Então devo lhe dizer, Sra. Stronah, que a senhora só tem uma pequena quantidade de memória".

Após ter eliminado as outras testemunhas, a defesa atacou o perito da acusação, o Dr. Douthwaite, decano do Guy's Hospital, membro do Colégio Real de Médicos, diretor de *Materia Medica*, que declarou: "O conjunto de medicamentos prescritos é um conjunto de erros que só poderia levar à morte. Essas quantidades enormes de morfina e heroína me obrigam a concluir que houve intenção de causar a morte".

E opôs-lhe o parecer de outro perito, o Dr. Harman, toxicologista:

"Queria que alguém me dissesse quanto é preciso absorver de morfina para morrer. Ninguém sabe. Sabe-se apenas que esse produto, absorvido em grandes quantidades, retarda a respiração e paralisa todos os elementos motores, o que pode levar, embora muito raramente, a fenômenos de asfixia total. Gostaria de salientar ao Tribunal que a enfermeira Randall, na noite de 13 de novembro, noite da morte, anotou em seu caderno: 'Respiração 50'. Isso não tem nada a ver com intoxicação por morfina, absolutamente nada, porque não há sufocamento. Não, não, eu vejo aí uma síndrome de origem cardíaca. Milhares de idosos morrem todas as noites dessa maneira. Naturalmente, ela poderia ter sido desintoxicada; mas não era algo simples. Não foi a falta de desintoxicação que a impediu de se recuperar. Não havia curar para a senhora Morrell, ela estava esgotada".

Não está, portanto, comprovado que o tratamento aplicado pelo Dr. Adams tivesse produzido a morte da senhora Morrell.

Ao produzir os registros do Neston Cottage Hospital, o defensor provoca uma segunda reviravolta: não foi sequer o Dr. Adams quem tomou a iniciativa do tratamento. Antes de se dirigir a ele, a senhora Morrell havia sofrido um ataque cardíaco.

"Ela foi imediatamente levada para aquele hospital e ali recebeu as primeiras injeções de morfina. Não foi, portanto, o Dr. Adams quem decidiu tratar a paciente com morfina. Isso deve ser lembrado: o Dr. Adams, ao assumir o caso após os médicos do hospital, foi obrigado a continuar o tratamento. Ele já não podia mais suprimir a morfina: se o Dr. Adams tivesse suprimido a morfina, correria o risco de matar a senhora Morrell".

Resta seu comportamento. Será o momento de atacar a investigação policial conduzida pelo Sr. Hannam, superintendente da Scotland Yard.

— Onde o senhor encontrou Adams pela primeira vez?

— Em uma ruela em Eastbourne. Às nove da noite, eu estava atrás da casa do doutor, perto de sua garagem.

— O que fazia ali às nove da noite?

— Não sei... estava passeando.

— Foi então um encontro casual?

— Sim.

— Então seu passeio o levou a uma pequena rua de uma cidade de sessenta mil habitantes, onde fica, exatamente, a garagem do Dr. Adams. Que curioso acaso! O senhor não pode esperar que acreditemos em uma coisa dessas!

— Mantenho o que sempre disse, foi um acaso... uma coincidência, se preferir.

— Seria melhor admitir que estava seguindo o Dr. Adams.

— Não tenho nada a confessar.

— E foi lá, às nove da noite, por acaso, que Adams lhe contou que a Sra. Morrell tinha a intenção de incluí-lo em seu testamento?

— Ele me disse que a Sra. Morrell, vários meses antes de sua morte, havia insistido para que ele aceitasse receber certas doações como recordação.

— E depois?

— Adams me assegurou que, no dia dessa conversa com sua abastada paciente, ele não tirou nenhuma conclusão precipitada sobre tais promessas. Disse-me que sabia muito bem que a idosa senhora lhe deixaria algumas coisas, talvez até seu Rolls-Royce.

— Sr. Hannam, o senhor sabia perfeitamente que o Adams não herdaria o Rolls-Royce.

— Eu?

— Perfeitamente, o senhor sabia! Na época de sua investigação e de seus encontros – fortuitos – com o Dr. Adams, o senhor já conhecia as cláusulas exatas do testamento da Sra. Morrell. Portanto, as palavras que atribuiu a Adams em seu relatório foram inventadas pelo senhor, que imaginou as respostas às suas perguntas!

— Isso é absolutamente falso! Reproduzi no meu relatório expressões exatas do Dr. Adams.

— Isso não pode ser verdade".

E, de fato, não era verdade. Sir Geoffrey Lawrence, ao tratar da questão do motivo, lerá em sua alegação final – que retoma todos os argumentos desenvolvidos na audiência:

"E o móvel do crime, senhoras e senhores, todos o conhecem, não é mesmo? Herdar da senhora Morrell um conversível Rolls-Royce modelo 1937 e uma caixa de pratarias de 275 libras. Ó, sim, eu sei, é um excelente motivo! E já vimos pessoas matarem para roubar alguns centavos. Mas no nosso caso é diferente porque o Dr. Adams realmente não tinha nada a ganhar com a morte de sua cliente. Lembrem-se da declaração do notário. Não foi Adams quem quis, como um polvo, absorver os bens da Sra. Morrell; foi o filho dela quem decidiu respeitar um testamento que havia sido anulado e não substituído. E isso muda tudo, não é? Suponhamos, no entanto, que o réu tivesse algum interesse na morte de sua cliente. Vocês acreditam que esse homem, criminalmente tão astuto, não teria esperado mais alguns dias ou semanas para um desfecho fatal que ele sabia muito próximo? É absurdo, dirão. E de fato é".

Em 9 de abril, às 11 horas e 45 minutos, Adams saía livre do tribunal.

OS PARLAMENTARES MALGAXES

A justiça, como entendem os juristas – "essas pessoas mais reacionárias do mundo", segundo Lenin –, a justiça tal como é praticada, é uma justiça de conivência, e isso por uma razão simples: toda sociedade que organiza os Tribunais o faz com o objetivo de julgar, segundo suas próprias normas, as infrações à sua legalidade. É por isso que a própria possibilidade de uma ruptura sempre surpreende os juízes e que muitos defensores se recusam a fazê-lo; o máximo que se deve esperar deles é que tentem colocar a sociedade em contradição com seus princípios.

Durante um recente debate em Grenoble sobre a justiça política, um advogado comunista francês afirmou: "Se uma sociedade pretende ter como fundamento ideias de liberdade, igualdade, fraternidade, se um certo número de liberdades democráticas é reconhecido por essa sociedade e ela as viola nas persecuções que empreende contra aqueles que a combatem, então é certo que os acusados têm o dever de lembrar à sociedade a ordem de seus princípios. Quando a França tinha um império colonial, promoveu toda uma série de processos contra as populações autóctones, as quais tinham todo o direito, para se defender, de invocar os princípios da Declaração dos Direitos do Homem e os princípios fundamentais da Constituição francesa. Não era apenas uma habilidade, era também uma luta de princípios – e não se tem o direito de abdicar dessa forma de combate".

Mas se sabe, desde Voltaire – que titularizava participações societárias em empresas de Bordeaux que que se ocupavam do tráfego negreiro –, que os mais fervorosos democratas, assim como os mais puros governos de defesa republicana, acomodam-se muito bem a certas transgressões aos princípios – sobretudo no além-mar

– quando estão em jogo seus próprios bens ou os "interesses superiores da nação".

Quando, por razões políticas, a vontade de diálogo não existe – e não pode existir desde o início –, qualquer tentativa por parte de um acusado de pedir compreensão está vocacionada a um desastroso fracasso, mesmo que ele reproduza à perfeição a técnica de um processo de conivência: há, de fato, um limite à "dinâmica autônoma" da ideologia de uma sociedade – e esse limite é o seu ventre.

Os parlamentares malgaxes, cujo processo foi aberto em Tananarive em 22 de julho de 1948, viveram essa amarga experiência.

Na noite de 29 para 30 de março de 1947, uma insurreição havia irrompido em Madagascar. Em Moramanga, o campo militar francês havia sido atacado e as armas recuperadas; em Diego-Suarez, a grande base naval do Norte, o alvo do ataque foi um depósito de armas; em Fianarantsoa, ao Sul dos Altos Planaltos, a eletricidade havia sido cortada; colonos franceses foram assassinados nos distritos de Moramanga, Ambatondrazaka e Manakara. A resposta das forças francesas foi imediata. As colunas de repressão, às quais se juntaram civis europeus, se dirigiram a Moramanga, onde os prisioneiros foram eliminados a tiros de canhão. Os prisioneiros de Moramanga e Manakara foram mortos em massa, inclusive mulheres. Os habitantes de Ambohimanga, embarcados à força em aviões, foram lançados vivos sobre a própria aldeia. No entanto, os insurgentes, que conseguiram isolar o grande porto de Tamatave do restante da ilha, controlavam a quase totalidade da costa Leste.

Desde os primeiros dias de abril, um decreto ordenava a dissolução do M.D.R.M. (Movimento Democrático da Renovação Malgaxe) e todos os dirigentes presentes em Madagascar foram presos. À exceção dos parlamentares, foram detidos nas instalações da Segurança

Geral e torturados sob a direção do novo diretor vindo da França um ano antes. O magistrado instrutor, a seu turno, aceitava que os agentes da polícia retomassem os interrogatórios dos prisioneiros que renegavam suas confissões.

Se podem ser feitas várias críticas aos juízes e acusadores de Tananarive, não se pode acusá-los de terem escondido suas intenções. Desde o início, e ao longo de todo esse interminável processo, eles fizeram questão de ressaltar sua importância política. O Dr. Mollet-Vieville, que atuava na esfera civil, via nesse processo "um dos maiores processos coloniais que o mundo já conheceu até hoje. Ele não envolve apenas, de maneira imediata, o destino de um território francês ultramarino. O alcance de sua decisão ultrapassará o quadro nacional para se estender, de forma exemplar, a todo o conjunto das relações internacionais entre os países colonizados e suas metrópoles. Vocês irão arbitrar um conflito que marca uma das etapas mais importantes da colonização".

Em sua introdução aos debates, o presidente do Tribunal Criminal não escondeu que o que estava em questão não eram tanto os fatos, mas sim toda a trajetória militante dos acusados: "Eu lhes digo que há relação de causa e efeito entre sua atitude política e os incidentes de 29 de março. Essa relação de causa e efeito não constitui uma acusação, apresso-me a dizê-lo. Mas ela constitui, evidentemente, uma atmosfera sobre a qual os senhores não deram até agora nenhuma explicação satisfatória e que precisam se apressar a dissipar. Ravoahangy, Raseta e Rabemananjara, no limiar de suas explicações, antes mesmo, por assim dizer, de os autos serem abertos, ela pesa fortemente sobre vocês".

O artigo 313 do Código Penal invocado contra eles – e pela primeira vez desde 1810 – na decisão de pronúncia também evidenciava a vontade do Ministério Público de imputar aos acusados uma responsabilidade coletiva pelos "crimes e delitos" da insurreição.

Do debate procedimental, os militantes da F.L.N., em seus processos, nada esperavam – a não ser a possibilidade de desmascarar o caráter escandaloso da justiça que pretendia puni-los. O debate procedimental no processo dos parlamentares malgaxes expressava, ao contrário, um esforço doloroso e vão de alcançar as condições para um diálogo.

Em razão da execução de uma testemunha-chave, Samuel Rakotondrabé, a defesa havia solicitado à Corte de Cassação o afastamento do Tribunal Criminal de Tananarive em favor de uma jurisdição metropolitana "mais serena". A Corte de Cassação rejeitou o pedido, invocando... uma carta do alto-comissário responsável pela execução da testemunha, na qual ele se comprometia a garantir a ordem em Tananarive durante os debates. Podia-se acreditar em sua palavra.

A defesa pediu, em seguida, "que fossem declaradas nulas as ações movidas contra os parlamentares após o debate sobre a suspensão da imunidade, durante o qual só havia sido levantada a questão da violação da segurança interna do Estado" e não do artigo 313, que poderia levar à pena de morte. O procurador-geral opôs simplesmente a estas conclusões um telegrama do ministro da França Ultramarina que o dispensava de solicitar à Assembleia Nacional uma autorização para novas ações judiciais.

O Tribunal Criminal aceitou essa argumentação, que fazia depender do ministro responsável pela repressão em Madagascar a interpretação de uma decisão soberana da Assembleia Nacional francesa relativamente a três de seus membros. O Tribunal de Cassação viria a confirmar tal decisão posteriormente.

Uma vez terminado o debate processual, os dirigentes do M.D.R.M. começaram a se explicar. Invocaram o telegrama de apelo à calma dirigido a todas suas seções alguns dias antes da insurreição? Ele foi apresentado como uma mensagem anunciando o dia D e a hora H. Recordaram que durante a suposta reunião secreta de seu gabinete político haviam discutido apenas a distribuição de seus eleitos nas várias comissões parlamentares? Tal lista foi apresentada como a atribuição de encargos ministeriais no seio de um governo provisório. Invocaram o testemunho de alguém particularmente importante? Ela havia sido fuzilada.

Apesar de tudo, no momento em que, nas florestas, ainda lutavam milhares de malgaxes, os acusados, em sua imensa maioria, não encontravam palavras suficientemente duras para "enxovalhar", "condenar", "estigmatizar" os atos de "barbárie", de "violência" e os "crimes" dos revoltosos.

Eles se puseram então – não sem talento – a desmontar os testemunhos e as confissões recolhidas pela Segurança sobre o significado de seu telegrama de apelo à calma. Stanislas Rakotonirina, vice-presidente da Assembleia Provincial de Tananarive, contou como havia sido espancado com tendão de boi pelo próprio diretor da Segurança e por seu adjunto, e como havia comparecido duas vezes diante de simulacros de Tribunais que o condenaram à morte por se recusar a confessar. Martin Rakotovao, secretário administrativo do M.D.R.M., descreveu os açoites e sufocamentos com água a que fora submetido antes de consentir em confessar tudo o que lhe era exigido. As indicações dos cadernos de enfermaria da prisão de Tananarive e as marcas de contusões ainda visíveis nos acusados não deixavam margem a dúvidas, a tal ponto que o caso do telegrama – motivo da prisão dos parlamentares – tornou-se um elemento secundário da acusação.

Acontece que, em 27 de agosto de 1948, "um pequeno chefe rebelde" da região de Moramanga,

Randrianarison, foi preso na floresta e dois cadernos redigidos por ele foram encontrados...ao pé de uma árvore. Interrogado nas condições que se pode imaginar – e que ele mais tarde denunciaria –, Randrianarison afirmou que o deputado Ravoahangy havia se deslocado a Moramanga para preparar a insurreição.

A defesa compreendeu então a inutilidade de sua vitória em torno do telegrama. Solicitou a junção de todos os processos relativos à rebelião – o que era praticamente impossível – e a libertação dos parlamentares enquanto os debates não fossem retomados. A Corte rejeitou, como era de se esperar, todos esses pedidos. Diante disso, acusados e defensores decidiram se calar. Mas esse silêncio não era – como viria a ser o de Salan, por exemplo – uma posição de princípio, explicada politicamente antes mesmo da abertura dos debates; ele só ocorreu após uma decisão incidental da Corte, nem mais nem menos escandalosa do que as anteriores. Era desde o início que se deveria ter guardado silêncio – ou, como Beloyannis em Atenas, ler Shakespeare: "O vosso caso não me interessa. Prefiro a poesia inglesa".

Ao contrário, a atitude da defesa permitiu que a acusação ampliasse sua vantagem. Pouco antes do encerramento dos debates, o procurador apresentou uma outra testemunha inesperada, Ravelonahina, que confirmava a viagem de Ravoahangy na noite de 24 para 25 de março. A defesa possuía provas de que Ravelonahina havia, em determinado momento, estado a serviço da polícia. Enredada em sua estratégia, não podia combater esse depoimento tardio, já que ela mesma havia se condenado ao silêncio; mas tampouco podia recusar o uso que o Tribunal faria desse testemunho, pois não questionava a competência da Corte.

A batalha sobre os fatos, conduzida segundo as regras da arte, resultava assim em uma vitória sobre o acessório – e em uma derrota sobre o principal.

O processo terminou em 4 de outubro de 1948: dos três deputados de Madagascar, dois – os senhores Ravoahangy e Raseta – foram condenados à morte juntamente com quatro de seus coacusados; o terceiro, o senhor Rabemananjara, foi condenado a trabalhos forçados perpétuos.

A defesa apresentou um último argumento perante o Tribunal de Cassação, bastante frágil se comparado à importância dos problemas levantados pelo processo: em 14 de setembro, uma testemunha havia servido de intérprete para outra, não obstante o parágrafo 4º do artigo 322 do Código de Instrução Criminal, que estipulava: "O intérprete não poderá, sob pena de nulidade, nem mesmo com o consentimento do acusado nem do procurador-geral, ser escolhido entre as testemunhas". O Tribunal de Cassação respondeu a este argumento nove meses após o processo, em 7 de julho de 1949, afirmando que, "juridicamente", pela leitura da sentença, era-lhe impossível asseverar que o intérprete Raharijoana Jacques não fosse... um homônimo da testemunha Raharijoana Jacques.

Oito dias depois, por ocasião do aniversário da Queda da Bastilha, o presidente da República Francesa, que havia se recusado a conceder a graça a Rakotondrabé, comutou a pena dos seis condenados à morte por uma detenção em um presídio de segurança máxima.

Ele pôde fazer isso com mais facilidade porque a rebelião, isolada, havia sido desmantelada depois de dois anos de repressão. Durante esses dois anos, ao concentrar a atenção sobre inocentes, o debate judicial foi, para o poder, uma distração inesperada que gerou unanimidade – inclusive entre os acusados e seus amigos – sobre a necessidade de reprimir a guerra de libertação nacional do povo malgaxe, esse "crime coletivo". Os mesmos olhos que se encheram de lágrimas ao evocar as desventuras dos parlamentares permaneceram secos quando Rakotondrabé foi executado.

Um ano depois, a "opinião democrática" obtinha uma "vitória": a maioria dos condenados foi transferida para presídios na metrópole. Seis anos mais tarde, "nova vitória das massas": eles foram libertados condicionalmente e colocados em prisão domiciliar na "metrópole". E por fim, três anos depois, eles eram autorizados a voltar a Madagascar. Suas tribulações já não serviam mais para nada: a descolonização tinha tido tempo de se realizar sem eles. "Pacificamente".

O GENERAL CHALLE

Quando, por amor à verdade ou por exigência dos autos, a defesa de conivência decide assumir a culpa, todo o debate sobre a realidade do crime torna-se inútil. O interesse se desloca para as circunstâncias da ação e para a personalidade do acusado. Ao insistir nas condições excepcionais do crime, em seu caráter fatal, a defesa tenta diminuir seu perigo social. O que é único não corre o risco de se tornar regra. Ao limitar as consequências, pretende atenuar seu castigo: "Tratava-se de um caso particular e de circunstâncias particulares", declara o Dr. Casters, processado por eutanásia ante o Tribunal de Liège. "O que me pareceria mais grave é que se pense que o veredito que nos absolveu a todos possa criar jurisprudência".

Édipo, Challe, Eichmann, o pobre resignado que rouba um pão ou o marido "traído" que mata o rival – todos se defendem da mesma maneira: são as circunstâncias, mais ainda do que a própria pessoa, que eles colocam em primeiro plano. O acusado exibe suas chagas, suas fraquezas, suas próprias taras e suas desgraças. Em vez de assumir seu destino criminoso, ele o sofre.

O argumento da máquina infernal é o elemento de argumentação mais eficaz porque concilia os inconciliáveis. Cada gesto que conduz Édipo ao seu crime, ele o faz inocentemente. Foi para desviá-lo desse destino que seus pais o abandonaram, com os pés perfurados, na montanha. Foi para escapar disso que ele deixou a Corte de Corinto. Foi por acaso que matou o velho homem na estrada – seu pai –, foi por ambição cega que, tendo vencido a Esfinge, desposou a rainha – sua mãe. Até o dia em que, ao se revelar a verdade, Jocasta se enforca e Édipo arranca os próprios olhos com um alfinete de ouro, "fazendo justiça contra si mesmo". Culpado e inocente. Processo vencido, a partir do momento em que o réu já se condenou a si mesmo, já atingiu o cúmulo do arrependimento por um crime excepcional.

Enquanto os outros dois generais do golpe, Salan e Jouhaud, perseveravam após seu fracasso, Challe e Zeller se renderam. Representavam, por assim dizer, a tendência conciliadora do motim. Como os fatos eram indiscutíveis, a defesa de Challe se organizou segundo o modelo edipiano.

Nessa ótica, Challe não é mais um soldado aventureiro do que o criminoso passional é um reincidente. Pelo contrário, ele é não somente um republicano, mas "diria até que um republicano de esquerda" (bastonário Arrighi).

Às vésperas do golpe, sua atividade era a de um pacato aposentado que estudava "os problemas da fibra de vidro para uma empresa" "porque precisava sustentar sua família" e porque "pensava na neta recém-nascida".

"A história deveria ter parado aí" e deixado o avô Challe terminar seus dias em paz, mas, infelizmente, ela batia à sua porta com "a face angustiada de seus antigos companheiros de armas". A testemunha Villemain declarou que ele parecia ter "uma surpreendente impressão de pungente tristeza"; a testemunha Morin afirmou que ele tinha a consciência "atormentada"; o general Nicot disse que ele estava "arrasado"; e seu advogado acrescentou que o mal era incurável.

"Está comprovado" – dirá seu defensor – "por uma instrução rápida, mas neste ponto bastante rigorosa, que o general Challe ignorava totalmente a preparação do movimento de 22 de abril. Conforme sua própria expressão diante do juiz de instrução, ele, por assim dizer, senhor procurador-geral, embarcou num trem que já estava em movimento".

Ele desce desse trem como comandante-em-chefe a serviço do diretório de Argel. Challe não nega os fatos, mas minimiza seu papel e seu livre-arbítrio: tendo embarcado no trem, estava forçado a ir até o destino final.

PRESIDENTE – O senhor diz que fez um movimento puramente militar, mas chamo sua atenção para certas coisas graves no que fez desse ponto de vista; primeiramente, essa instituição de um diretório — isso é um ato de governo, não é?

CHALLE – Senhor presidente, aquilo não havia sido chamado de diretório; eu soube disso depois. Tinha-se chamado de Conselho Superior da Argélia, *porque era preciso* dar um nome a uma autoridade de fato. Eu não nego minha responsabilidade.

PRESIDENTE – O senhor fez uma declaração em sete artigos, certo? Dos quais o artigo 5º é assim concebido: "Os indivíduos que tiverem participado diretamente da iniciativa de abandono da Argélia e do Saara serão detidos e levados perante o Tribunal Militar que será em breve criado para julgar os crimes cometidos contra a segurança do Estado. A autoridade militar terá competência exclusiva para ordenar as prisões". Este é um fato de governo.

CHALLE – *Era preciso,*[9] senhor presidente. A partir do momento em que sabíamos perfeitamente que estávamos promovendo uma ação ilegal, *era preciso* fazer, em certa medida, um ato de governo durante as poucas semanas em que pensávamos poder pacificar a Argélia.

PRESIDENTE – O senhor prendeu os representantes do governo legal.

CHALLE – É verdade, senhor presidente. Mas creio ter dito para enviá-los ao Hotel Transatlântico.

PROCURADOR-GERAL – Se há um hotel, eu me inclino. Confesso minha ignorância sobre o local.

BASTONÁRIO ARRIGI – É mesmo um hotel três estrelas.

PROCURADOR-GERAL – São coisas que desconhecemos. Mais uma vez, confesso minha ignorância. Aprendemos em qualquer idade.

"Na terça-feira, 29 de abril, o general Challe se dá conta de que não é suficientemente apoiado e que não conseguirá salvar a Argélia francesa". Ele então salta do trem que os demais recolocaram nos trilhos, em um percurso ainda mais perigoso.

"Quando o general Challe percebeu que seu movimento caminhava para o fracasso", disse o coronel Bocquet, "ele não quis fazer uso de uma arma determinante – aquela que se havia erguido diante dele em 24 de janeiro de 1960 – ou seja, a multidão europeia da cidade de Argel. É absolutamente certo que ele se privou deliberadamente de um fator importante, que poderia ter prolongado sua ação e dificultado consideravelmente as forças leais".

Ele acalmou a multidão, enviou os legionários de volta aos seus acantonamentos e se entregou.

---

9 Grifo nosso.

Antes mesmo de ir a julgamento, o comportamento de Challe era uma negação de seus companheiros. Seu arrependimento limitava as consequências de sua adesão ao complô. Ele teve direito à indulgência do Alto Tribunal: quinze anos de trabalhos forçados, contra a pena de morte para seu cúmplice Jouhaud, e, para Salan, trabalhos forçados perpétuos, ao fim de uma defesa muito eficaz.

A propósito desse processo, François Mauriac escreveu em seu bloco de notas: "Estou perturbado, tocado pelas mudanças bruscas de um destino humano. Há nesse contraste qualquer coisa que aperta a garganta. Sinto-me comovido pela desgraça, pelo cúmulo do infortúnio".

Mas Challe não furou os próprios olhos.

JULIEN SOREL E HONORÉ RACADOT

Quando se declara culpado, o réu atinge a dimensão trágica à qual tende qualquer processo de conivência, dividido entre os princípios aos quais permanece ligado e seu crime que os nega. Os processos de culpabilidade são sempre o romance de um fracasso, a história de uma derrota, porque o acusado não pode contestar a competência da única ordem pública que, para ele, continua existindo – mesmo quando ele a combate.

Essa é a ferida secreta de Raskolnikov, que recua diante do sacrilégio e não diante da gravidade do crime. Ele havia tomado Napoleão como modelo. O que eram dois pobres corpos se comparados aos cadáveres do Vendemiário? O que eram 300 rublos e modestas joias se comparados aos bilhões do exército da Itália subtraídos do tesouro da República para alimentar o orçamento pessoal de guerra civil do general Bonaparte? A diferença é que Napoleão jamais se fez perguntas – nem no

Vendemiário, nem na Itália. Atirar de canhão sobre a multidão era apenas um problema de balística e o dinheiro era necessário para avançar rapidamente por caminhos de onde toda legalidade havia sido varrida. Esses são crimes só se a vitória abandonar o criminoso; enquanto ela seguir suas bandeiras, são atos políticos. Raskolnikov, por sua vez, nunca deixou de se questionar.

O acusado pode comover o juiz. O acusado pode comover o juiz. Mas, para isso, é preciso que haja entre eles uma convergência real de interesses. Em uma sociedade fundada no lucro e no interesse pessoal – considerados motores do progresso – tal conivência é natural. Ilustra-o bem o movimento incessante que vai da delinquência à administração ou aos negócios. A carreira de Vidocq-Vautrin é conhecida, esse Lúcifer tão humano que aconselhou Rubempré: "As regras estão aí, você as aceita". Como é conhecido o caso dos gângsteres londrinos que, para dirimir suas divergências, imitavam as formas de justiça tradicional, vestindo-se com perucas brancas e rendas – como magistrados supranumerários de Sua Majestade.

Mas a sociedade, ao mesmo tempo em que faz sua justiça reinar nos céus,[10] pode recusar sua compreensão ao acusado por razões alheias aos fatos da causa.

Os mesmos que, na época da Libertação, elaboravam listas negras de escritores, são vistos hoje se indignando com as sanções – pela primeira vez estritamente legais – tomadas contra dois literatos pelo governo soviético. Os mesmos que exigiram silêncio sobre as torturas sofridas pelos prisioneiros da F.L.N., mais tarde

---

10 Para julgar Orestes, Atena, deusa razoável, sentou-se modestamente entre os homens. Mas é bem verdade que ela não era cristã.

denunciaram depois aquelas infligidas aos prisioneiros da O.A.S.

Culpado por atentar contra a vida da "mulher mais digna de todo respeito", Julien Sorel foi condenado à morte por ter ousado desafiar os poderosos: "Vocês vêm em mim um camponês que se revoltou contra a baixeza de seu destino". Inspirado em um fato real, esse processo revela o conteúdo político da justiça, mesmo no domínio do direito comum.

Nascido na pequena burguesia camponesa, um jovem deixa os seus e parte para Paris. Misturando amor e ambição, mata uma mulher envolvida em suas artimanhas e cálculos – e morre guilhotinado. Em Stendhal, na aurora do século, ele se chama Julien Sorel; em Barrès, em seu crepúsculo, Honoré Racadot.

Mas Stendhal e Barrès não conduzirão o processo da mesma maneira.

A defesa de Julien Sorel, em *O vermelho e o negro*, é a explicação de sua breve existência:

"Logo sentiu-se inflamado pela ideia do dever. Até então havia dominado sua comoção e mantido sua resolução de não falar, mas quando o presidente do Tribunal lhe perguntou se tinha algo a acrescentar, ele se levantou:

— "Senhores jurados", disse ele, "o horror do desprezo, que eu acreditava ser capaz de enfrentar no momento da morte, me obriga a tomar a palavra".

"Ainda que eu fosse menos culpado, vejo homens que, sem levar em conta o que minha juventude poderia inspirar de compaixão, quererão punir em mim e desencorajar para sempre essa classe de jovens que, nascidos numa classe inferior e de qualquer maneira oprimidos pela pobreza, tiveram a felicidade de obter uma boa educação – e a audácia de se misturar àquilo que o orgulho dos ricos chama de sociedade. Eis o meu crime, senhores".

O abade de Frilair não ocultava de Mathilde de La Môle que, ao condenarem Julien à morte, os jurados haviam proferido uma decisão política. "Que ideia teve seu amigo de ir provocar e atacar a pequena vaidade dessa aristocracia burguesa? Por que falar em casta? Ele lhes mostrou exatamente o que deviam fazer para defender seus interesses políticos".

Amordaçada por Stendhal no processo de Julien Sorel, essa aristocracia burguesa, em *Os desenraizados*, desenvolve longamente suas razões. Do jovem acusado, o rosto coberto de lágrimas e suor, o romancista só nos transmite um grito: "Abaixo os ricos, os ladrões, os preguiçosos!" No entanto, ele escreve à margem dos autos uma longa acusação. O crime de Racadot, o de Julien, não é ter atentado contra a vida vida de outrem, é ter desejado abandonar sua condição:

"Honoré é provavelmente descendente dos escravos do mundo romano. Seu avô e seu pai continuaram sendo servos de almas: acostumados à disciplina social, prudentes, calculistas e temerosos da lei e da autoridade. Em Honoré, apetites violentos seriam facilmente suscitados pela liberdade quase selvagem, fora de qualquer disciplina, que pode ser encontrada em Paris, e pelos deleites contra os quais a hereditariedade não mitridatizou seus sentidos".

Não importa se seu caráter é "nobre ou baixo", ele não pertence ao mundo da justiça de conivência. O único documento psicológico que importa a seu respeito "é saber em que medida seus recursos financeiros são inferiores ou superiores ao orçamento médio do estudante – cem francos de pensão e quarenta francos de moradia". Honoré deve morrer por quarenta francos: a justiça dos idealistas é censitária.

Que bacharéis pobres lutem para continuar seus estudos não constitui uma circunstância atenuante – muito pelo contrário. Sua obstinação os transforma em selvagens: "Feras livres em sua mata cerrada – eis o proletariado dos bacharéis. Têm o olhar, o fedor repugnante, talvez as crueldades, as covardias – e certamente a resistência. Aceitar: eis o que a Universidade não ensina".

Consultado, o Sr. Taine, um especialista, confirma: "Considero um grave perigo para o indivíduo e para a sociedade a contradição que frequentemente existe entre um desenvolvimento intelectual que requer lazeres, despesas – pois a cultura é muito custosa – e uma condição que obriga a trabalhar".

A essa vontade dos pobres de mudar sua condição, Barrès recusa a compreensão da justiça: "O tom da voz desses párias, o olhar que tem seus olhos – não é um tom, um olhar de um homem para outro homem, não é uma relação entre seres particulares; é o tom, o olhar de toda uma classe espalhada pelo vasto mundo civilizado".

É um ato de simples profilaxia social que ele reclama: "O golpe dos camponeses Racadot e Mouchefrin acrescenta um episódio banal à eterna revolta. Mas, embora se sinta o determinismo, sua conduta não está em harmonia com as maneiras de ver das pessoas normais. Ela ofende as leis da sociedade civil e as leis instintivas. Tal ato deve provocar a eliminação de seus autores".

Na vida, os juízes são tão imperfeitos como os homens. São surdos e cegos aos movimentos secretos dos corações. Mas, nos romances, um homem tem esse dom da clarividência: o autor. Ele não recusa as testemunhas mais próximas do acusado ou da vítima, como o faz o presidente do Tribunal. Pelo contrário, ele as escuta: são elas os verdadeiros juízes. Convocado por Stendhal, esse júri felicita Julien Sorel. Reunido por Barrès, ele avilta Racadot.

"A palavra amor é muito fraca. Sinto por ti o que deveria sentir unicamente por Deus: uma mistura de respeito, de amor, de obediência", confia a Julien sua vítima, a Sra. de Rénal. E Mathilde: "O que você chama de seu crime, e que não passa de uma vingança nobre, me mostra toda a grandeza do coração que bate nesse peito".

Na hora em que a morte o revela tal como realmente foi, o autor pode ler em seu coração que "Julien estava embriagado de ambição e não de vaidade. A morte em si não era horrível a seus olhos. Toda sua vida havia sido apenas uma longa preparação para o infortúnio".

Mas as testemunhas de *Desenraizados* decidiram ser cegas e surdas; para Sturel, que foi seu condiscípulo no liceu de Nancy e seu colega no jornal cuja falência os precipitou no crime, seu castigo "seria tarefa útil, porém mais de higiene pública do que de justiça". Rœmerspacher é ainda mais claro: "Não se trata de saber se a miséria explica seu crime, se indignidades iguais permanecem impunes. A sociedade deve abatê-los como abate os lobos e javalis no inverno, nas florestas de Neuf-Château".

Para as testemunhas de Julien, o veredito de Besançon foi escandalosamente severo; para as testemunhas de Racadot, o veredicto do Tribunal do Sena foi demasiado indulgente.

O paradoxo aparente, quando se compara o processo de Julien ao de Honoré, o percurso de Stendhal ao de Barrès, é que Stendhal partiu de um acontecimento bastante sórdido, enquanto Barrès se inspirou – como ele próprio deu a entender – na atividade jornalística e política de um bacharel revoltado, Jules Vallès.

Criança pobre, Jules Vallès descreveu em *L'Insurgé* as horas de esperança e depois o esmagamento da Comuna. A narrativa termina no momento em que ele pensa que vai ser descoberto e preso, com um retorno sobre si mesmo que bem poderia constituir sua defesa política, se ele tivesse sido julgado diante dos amigos de Barrès:

"Tanto faz! Se me prenderem, me prenderão! Estou em paz comigo mesmo. Agora sei – de tanto ter pensado nisso no silêncio, com o olhar fixo no horizonte, no cadafalso de Satory – nosso crucifixo –, sei que as fúrias das multidões são crimes de gente honesta, e já não me preocupo com a minha memória enfumaçada e coalhada de sangue. Ela será lavada pelo tempo e meu nome permanecerá afixado na oficina das guerras sociais como o de um operário que não foi preguiçoso. Minhas mágoas estão mortas. Tive meu dia. Muitas outras crianças foram espancadas como eu, muitos outros bacharéis passaram fome e chegaram ao cemitério sem ver sua juventude vingada. Quanto a você, reuniu suas misérias e suas dores e conduziu seu pelotão de recrutas àquela revolta que foi a grande federação das dores. Do que se queixa? É verdade. A perquisição pode chegar. Esses soldados podem carregar suas armas. Estou pronto".

Ao longo desse processo que durou um século é possível encontrar face a face dois pensamentos, duas atitudes. Uma jacobina, otimista, outra de conservação, restauração, voltada para o passado. E é nessa visão – e em nenhuma outra – que o julgamento deita raízes.

Criança sensível, Stendhal pulou de alegria ao ouvir o anúncio da execução de Luís XVI, e é porque a morte do rei lhe causou tanto prazer que a de Julien certamente o transtornava. A satisfação de Barrès com a morte de Racadot vem do que ele tremeu quando a Comuna iluminava a França com seus incêndios e suas esperanças.

O UNIVERSO DE K

O dicionário Robert data o adjetivo "kafkiano" de 1950, isto é, da época da Guerra Fria. De fato, é uma palavra que os defensores dos Direitos Humanos utilizaram amplamente a propósito dos processos conduzidos nos países socialistas, onde a conivência era negada aos acusados burgueses. A atmosfera opressiva era-lhes tanto mais sensível quanto dizia respeito a irmãos de classe. Mas a maior parte dos processos no Ocidente – e sobretudo os mais modestos – não está isento disso. A experiência normanda de André Gide é igual à de Moscou. Ele escreve em seus *Souvenirs de la Cour d'assises*:

"Em todos os tempos os Tribunais exerceram um fascínio irresistível sobre mim. Em viagens, quatro coisas me atraem especialmente em uma cidade: o jardim público, o mercado, o cemitério e o Palácio da Justiça. (...) Mas agora eu sei por experiência que é uma coisa totalmente diferente ouvir a justiça sendo feita e ajudar a fazê-la. Quão duvidosa e precária é a justiça humana – foi o que, durante doze dias, eu pude sentir até ficar angustiado".

A propósito de um acusado de "vinte anos, com um ar doce, um pouco taciturno e sem malícia", ele anota: "por diversas vezes eu observei em Marceau um estranho desconforto quando ele percebia que a reconstituição de seu crime não era exata – *mas que ele não podia nem esclarecer as coisas nem tirar proveito da inexatidão.*[11] Isso foi, para mim, o aspecto mais curioso do caso".

A propósito de um caso de costumes:

"A senhora X, uma pobre comerciante que praticamente adotou esse pobre infeliz..., suplica que sejamos indulgentes com esse pobre rapaz 'que nunca conheceu a felicidade'. Ela o descreve como filho de alcoólatras, sempre espancado em casa, 'obrigado a dormir no banheiro'; basta olhar para ele para perceber que ele continua sendo uma criança. Diverte-se com figuras, brinca com bolinhas de gude, com pião. Mas anteriormente tentara 'deitar-se sobre a pequena', que então o mordeu na orelha. Da prisão, escreveu cartas incoerentes

11 Grifo nosso.

à vendedora de legumes. A valente mulher tira do bolso um maço de papéis e soluça".

"O interrogatório está encerrado. *O infeliz faz grandes esforços para acompanhar a acusação do promotor, mas dá para perceber que só consegue entender uma ou outra frase*".

"Mas o que ele vai entender já, já, é que ele foi condenado a oito anos de prisão".

Assim como Marceau é condenado, assim como é condenado esse outro acusado, "que fala o mais rápido possível com medo de que o presidente lhe corte a palavra (o que, aliás, ele faz constantemente), e que deixa de ser claro e sente isso..., o infeliz que defende sua vida". Gide nota o ar de presa que o acusado assume.

"Quão raro é que um caso se apresente de forma clara e direta. *Quão frequentemente a simplificação apresentada na representação dos fatos da acusação é artificial!* Quão facilmente o acusado se enreda em uma declaração cuja gravidade lhe escapa".

Na realidade, o universo de K. não é, como se costuma dizer, o do nazismo ou União Soviética, é o da rua Saint-Jules, "longa série de casas altas, cinzentas e uniformes, grandes alojamentos que se alugam a pessoas pobres, onde as pilhas de lençóis e cobertores são postas sobre as janelas aos domingos, tendo acima delas "a cabeça de uma mulher desgrenhada"; onde brincam nas escadas meninas corcundas que nem a juventude nem a doença conseguiram preservar "da mais completa corrupção".

Nesse mundo, a justiça não é incoerente. Pelo contrário, ela sabe muito bem o que faz. "K. vivia em um Estado Constitucional. A paz reinava em toda parte. As leis eram respeitadas". Como diz o guarda, "as autoridades que nos empregam investigam muito minuciosamente os motivos da prisão antes de emitir o mandado". Os interrogatórios são extremamente minuciosos, "embora permaneçam bastante curtos para poupar o acusado de um excesso de fadiga".

"Não há justiça mais minuciosa, diz o advogado". E, no entanto, K. não consegue descobrir por que ele é condenado e, no final, é morto como um lobo nos bosques de Neuf-Château.

CAPÍTULO II

OS PROCESSOS DE RUPTURA

SÓCRATES

Quanto mais o conflito que ela é encarregada de resolver se agrava, mais a guerra se depura e assume seu caráter absoluto; ela não tem limite superior. O campo da justiça é o inverso. Criada para resolver as violações individuais da lei, ela não consegue conter o ataque geral dirigido contra o Estado. A partir de um certo nível, ela deve ceder o lugar ou se desintegrar.

Isso, até os militares bolivianos sabem. Tendo capturado Régis Debray e Che Guevara, fizeram o processo do primeiro e recuaram diante do segundo, embora a qualificação jurídica das acusações contra Debray fosse duvidosa e o processo de Che bastante robusto.

Como Debray alegava ser jornalista, que suas obrigações profissionais o obrigavam a ir ao encontro dos acontecimentos e que ele não estava infringindo a lei boliviana, seu processo era, de fato, possível. O processo de Guevara, por outro lado, era impossível, pois teria conduzido a um confronto entre duas concepções de legitimidade na América Latina – confronto que os juízes militares eram incapazes de aceitar. Eles saíram de cena para dar lugar ao pelotão de fuzilamento.

Em um processo de conivência, há apenas uma vontade de vencer, a da acusação. Em um processo de ruptura, há duas. Preso, Babeuf exigia do Diretório que tratasse com ele "de poder para poder" e Varlin, em 1868, no processo da Primeira Internacional, declarava a seus juízes: "perante os princípios, somos dois partidos".

A ruptura subverte toda a estrutura do processo. Os fatos passam ao segundo plano, assim como as circunstâncias da ação; de súbito, aparece em primeiro plano o desafio brutal à ordem pública.

No processo de Sócrates, o primeiro processo de ruptura da História que nos foi integralmente relatado, se o acusado se refere à sua vida não é para buscar desculpas para seus atos; ao contrário, é para mostrar o caráter premeditado de sua conduta: "atenienses, não é por mim, como se poderia pensar, que eu apresento esta defesa, é por vocês".

Eis por que ele se recusa a comover os juízes em seu favor:

"Mas talvez um de vocês se irrite: ele se lembra de seu próprio caso e de que, em um processo bem menos severo que este, ele implorou e suplicou aos juízes, chorou, trouxe seus filhos ao Tribunal para despertar mais seguramente a piedade, e também seus parentes, numerosos amigos... Eu, ao contrário, não faço nada disso – e, no entanto, enfrento o risco supremo... Eis o que convém que lhe diga:

"Eu também, meus caros, tenho família. Segundo as palavras de Homero, não sou filho do carvalho ou da pedra, mas sim de descendência humana, o que me confere pais e filhos. Atenienses, tenho três filhos. Mas não é por isso que farei vir um ou outro, nem que vos suplicarei por minha absolvição".

"Por que eu não aceitaria fazer isso? Não é por bravata, atenienses, nem por desprezo, e se tenho ou não coragem diante da morte, isso é outro assunto – mas, a meu ver, seria uma vergonha: para mim, para vós e para toda a Cidade".

Estamos longe desses pretensos processos políticos em que os defensores exibem a infelicidade de seus clientes. Mesmo que sua opinião possa chocar, Sócrates nada faz para amenizar a situação. Ele não busca evitar nem os debates de ideias nem suas consequências. O que os mestres de Atenas, guardiões da tradição, lhe censuravam não eram as afirmações grotescas a ele atribuídas por Aristófanes. E, se deve ser condenado – Sócrates o sabe bem –, não pode ser pelas razões apresentadas por Meleto, Ânito e outros acusadores; será por causa da perturbação que ele provoca na cidade, de sua contestação permanente da ordem estabelecida. Os juízes poderiam então ser tentados a lhe oferecer a desistência da acusação em troca do abandono de sua atividade. De antemão, ele recusa a oferta:

"Quando então me seria dito: 'Sócrates, não queremos ouvir Ânito; nós te absolveremos com a condição de que prometas renunciar ao teu método de investigação e deixar de filosofar; mas, se fores apanhado fazendo-o novamente, morrerás' – diante de tal proposta, eu responderia: 'Agradeço-vos, atenienses, e vos tenho apreço, mas devo obedecer ao Deus antes que a vós, e, enquanto tiver um sopro de vida, enquanto tiver forças, continuarei a filosofar, a exortar aqueles que encontrar e a dar aulas à minha maneira'. Isso farei, com os jovens e os velhos, conforme o acaso dos encontros, sejam eles estrangeiros ou da Cidade – e mais ainda se pertencerem à Cidade...".

"Sobre isso, ouvi a Ânito ou deixai de ouvi-lo, absolvei-me ou não, mas que seja, ao menos, com a consciência de que jamais agirei de outra maneira, ainda que eu deva morrer mil vezes".

Recordando seu passado político, ele extrai uma lição perigosa: "Escutai, pois, o que me aconteceu, e vereis que não cedo a ninguém por temor da morte quando a justiça está em jogo; mesmo diante da minha própria ruína, não cederei".

A intransigência no tom acompanha a intransigência nos princípios, mesmo que a ironia às vezes ofusque a dureza. Sócrates não teme atacar seus acusadores nem os ridicularizar. Ele não teme nem as palavras do cotidiano nem a invectiva: "Meleto diz que eu sou culpado porque corrompo os jovens. E eu afirmo, atenienses, que é Meleto o culpado. Eu o acuso de tratar com leviandade assuntos sérios e de levar de maneira leviana as pessoas ao tribunal". Da mesma forma, tendo Meleto o acusado de ateísmo e de não acreditar nos deuses da

Cidade, mas sim em demônios desconhecidos, Sócrates exclama: "Meleto? Estás brincando!"

O direito penal ateniense não comportava um Código com penas previamente definidas. O processo ocorria em duas etapas. Após um debate sobre a culpabilidade, abria-se, eventualmente, outro sobre a pena. Sócrates foi considerado culpado por uma pequena maioria. Abriu-se, então, um debate sobre a sanção que lhe seria infligida. Meleto propôs a morte. Sócrates poderia ter sugerido uma pena que lhe evitasse o castigo supremo – banimento ou prisão. Isso significaria entrar no jogo do Tribunal, aceitar sua culpa – uma habilidade para a qual ele não estava preparado. Ele ironiza:

"Como devo pagar por essa ideia que perturbou minha vida, que me fez perder o interesse por aquilo que tanto preocupa os outros – dinheiro, cargos administrativos, comandos, poder? Qual é o bem compatível com a condição de um homem pobre que precisa de tempo livre para vos servir e vos exortar? Nada convém mais, atenienses, do que alimentar um homem assim no Pritaneu".

"Mas, sem dúvida, o que eu vou dizer parecerá da mesma veia insolente que me fez recusar o uso de lágrimas e das súplicas? Não, em absoluto. Convencido como estou de não ter feito mal a ninguém, não vou fazer mal a mim mesmo e dizer, no que me diz respeito, que eu mereço ser punido e sofrer uma pena".

Quais penas, aliás?

"Seria necessário que eu tivesse um grande amor pela vida – e muito pouco bom senso – para não fazer o raciocínio simples: vós, meus concidadãos, não suportastes meu modo de vida e minha maneira de falar; elas vos pesaram tanto que chegastes a odiá-las e procurastes livrar-vos de mim...e estrangeiros as suportariam facilmente? Bem sabeis que não, atenienses. Que bela vida, de fato, eu teria – ir de cidade em cidade, à minha idade, sendo perseguido aonde quer que eu fosse".

Ele foi condenado à morte por esmagadora maioria.

Os conciliadores não compreendem a intransigência da defesa de ruptura. Não veem nela "utilidade". É a eles que, há dois mil e quinhentos anos, Sócrates se dirige, com o distanciamento que lhe conferia a morte iminente:

"É verdade que me faltou alguma coisa – mas não foram os discursos, foi a audácia, o impudor, a disposição de dizer o que mais prazer vos daria ouvir. Vós queríeis um Sócrates que se lamentasse, que gemesse, que pronunciasse as palavras e fizesse os gestos que julgo indignos de mim, mas que vossa experiência dos outros vos fazia esperar".

"Não me arrependo agora de ter me defendido dessa forma; prefiro morrer depois de tal defesa a viver em vossa armadilha".

"Digo-vos, juízes que me condenastes à morte, o castigo vos seguirá de perto por minha perda e, por Zeus, ele será mais terrível do que a morte que me terão infligido. Se agistes assim, foi para vos esquivardes do dever de dar sentido às próprias vidas".

"Acreditais que, ao matar as pessoas, conseguireis evitar que reste alguém para vos gritar que não sabeis viver e para vos interpelar a esse respeito? Avaliais muito mal: tal maneira de escapar não tem mais eficácia do que beleza".[12]

---

12 PLATÃO. *Apologie de Socrate*. Trad. Pierre Boutang.

LUÍS XVI

A acusação raramente toma a iniciativa de um processo de ruptura. Por vocação, ela é conservadora, mas pode emprestar sua voz, em circunstâncias excepcionais, àqueles que contestam a ordem estabelecida: o processo é então subvertido. Estranha situação na qual o acusado reclama o respeito à lei e a acusação a nega abertamente.

Primeiro processo dos tempos modernos, assim foi o processo de Luís XVI. Reunida no dia da vitória de Valmy, a Convenção Nacional havia proclamado a República. O que faria ela com o rei deposto? O problema ultrapassava a figura de Luís XVI, alçado ao perigoso papel de símbolo. Para a maioria moderada do governo e da Convenção, uma medida extrema poderia conduzir à aventura da guerra externa e à guerra civil. Para a minoria reunida em torno de Robespierre, tal medida liberava a Revolução, forçava-a a continuar seu curso até o fim. De ambos os lados a análise era a mesma, mas os desejos contrários. O campo de batalha foi o processo do rei.

Ele foi aberto com um debate processual fundamental. Deputado da Vendeia, Morisson defendeu a inviolabilidade do rei e a impossibilidade jurídica do processo, com o humor involuntário de uma lógica jurídica abstrata:

"Para poder julgar Luís XVI, é necessário que haja uma lei positiva preexistente que lhe seja aplicável; mas esta lei não existe... O Código Penal não contém disposições que possam ser aplicadas a Luís XVI. Até o momento de seus crimes existia uma lei positiva que estabelecia uma exceção em seu favor – refiro-me à Constituição".

Mas a Constituição consagrava a inviolabilidade apenas para os atos que diziam respeito essencialmente à realeza, e o rei podia cometer crimes independentes de sua qualidade de primeiro funcionário público. Sem dúvida, concedia Morisson, "mas o povo soberano determinou a pena que lhe seria infligida, e essa pena é unicamente a destituição".

Relator do Comitê de Legislação, Mailhe refutava essa argumentação com mais engenhosidade do que pertinência. "A inviolabilidade", alegava ele, "estava ligada ao funcionamento da Constituição. Uma vez abolida esta, aquela desaparecia, a nação tinha retomado seus direitos", e Luís, tornado novamente um simples cidadão, não podia lhe opor uma Constituição caduca. Ao mesmo tempo, Mailhe sustentava, paradoxalmente, que o cidadão Capeto não estava sujeito aos Tribunais Ordinários, mas sim à Convenção radicada na Alta Corte, "sua inviolabilidade constitucional desaparecendo apenas perante a nação inteira", representada pela Assembleia. Concluía propondo a nomeação de uma Comissão de Instrução cujos trabalhos seriam comunicados a Luís, assistido por advogados de sua escolha.

Foi então que Saint-Just fez sua primeira aparição na tribuna. Ele se pronunciou contra as duas teses:

"A opinião de Morisson, que mantém a inviolabilidade, e a do comitê, que quer julgá-lo como um cidadão, são igualmente falsas. Eu digo que o rei deve ser julgado como inimigo".

Para refutar Morisson, Saint-Just não se coloca no mesmo terreno – o da lei civil –, senão que naquele onde dois Mundos se enfrentam: "temos menos a julgá-lo do que a combatê-lo. As formas do processo não estão na lei civil, mas no direito das gentes... Um dia, as pessoas se admirarão que, no século XVIII, estivéssemos menos avançados do que nos tempos de César. O tirano foi imolado em pleno Senado, sem outras formalidades a não ser vinte e duas punhaladas, sem outra lei que a liberdade de Roma. E hoje se faz, com respeito, o processo de um homem – assassino de um povo – apanhado em flagrante delito, com as mãos ensanguentadas, com as mãos no crime! Aqueles que atribuem alguma importância ao justo castigo de um rei jamais fundarão uma república".

Com a mesma veemência, ele reprova o Comitê de legislação por perder de vista, entre suas sutilezas jurídicas, a acusação essencial a ser feita ao rei:

"Julgar um rei como cidadão! Esta palavra surpreenderá a posteridade fria. Julgar é aplicar a lei. Uma lei é uma relação de justiça. Que relação de justiça existe entre a humanidade e os reis? Uma alma generosa diria, em outros tempos, que o processo de um rei deve ser feito não pelos crimes de sua administração, mas pelo fato de ter sido rei... Não se pode reinar inocentemente".

E Saint-Just criticava todos os oradores por terem colocado o problema do processo em termos de conivência e não de ruptura: "Para mim, não vejo meio-termo: esse homem deve reinar ou morrer".

"A brutalidade violenta da ideia, a forma classicamente declamatória, a dureza magistral", escreve Michelet, "tudo levantou as tribunas. Elas sentiram a mão de um mestre". Saint-Just dera o tom.

Duas semanas depois, Robespierre interveio no mesmo sentido, para impedir que o processo mudasse de rumo:

"O rei não é um acusado. Vós não sois juízes. Vós não tendes uma sentença a pronunciar a favor ou contra um homem, mas uma medida de salvação pública a ser tomada, um ato de providência nacional a exercer. Luís foi rei e a República está fundada. A célebre questão que vos ocupa está resolvida apenas por estas palavras... O direito de punir o tirano e o direito de destroná-lo são a mesma coisa, um não comporta formas distintas do outro".

E a conclusão: "Luís deve morrer porque é preciso que a pátria viva".

Por ocasião do debate processual, Saint-Just e Robespierre tinham pronunciado a verdadeira acusação. O que faria a defesa? O rei oporia a concepção da realeza de direito divino – na qual ele acreditava profundamente – ao ideal republicano? Ele oporia suas crenças religiosas à política dos convencionais? Exigiria simplesmente o respeito da lei? Romperia o diálogo e apelaria ao povo como Carlos I? Ele não fez nada disso. Diante de uma acusação de ruptura, o rei deposto adotou uma defesa respeitosa. Desautorizou seus irmãos emigrados, afirmou não reconhecer as notas escritas de próprio punho, seu selo, sua assinatura, escudou-se descaradamente atrás da responsabilidade de seus ministros, invocou "o prazer de dar àqueles que precisam" quando Barère lhe lembrou os milhões que havia destinado à "compra de consciências". O diálogo a seguir resume essa defesa sem orgulho:

"Luís, o povo francês o acusa de ter derramado o sangue dos franceses! O que tem a responder?

— Não, senhor, não fui eu!"

Seu advogado, de Sèze, apresentou a defesa em seguida.

"Hábil e patética", escreve Pierre Gaxotte, "sua argumentação teria conseguido convencer um tribunal ordinário", mas essa é sem dúvida a crítica mais grave que se poderia fazer a ele. O processo estava perdido.

A Gironda tentou uma última manobra: o apelo ao povo; mas fê-lo de forma desordenada. Para uns, o julgamento devia ser ratificado pelas assembleias primárias; para outros, a Convenção deveria pronunciar-se apenas sobre a culpabilidade, deixando às assembleias a tarefa de determinar a pena. Os moderados levantavam o argumento do perigo externo. Mas foi precisamente invocando as necessidades da defesa da pátria e das conquistas da Revolução que a Montanha arrastou os hesitantes: "A vitória decidirá se sois rebeldes ou benfeitores da humanidade", exclamou Robespierre.

A votação pública começou em 15 de janeiro. A primeira pergunta foi sobre a culpabilidade: "Luís Capeto, outrora rei dos franceses, é culpado de conspiração contra a liberdade e atentado contra a segurança do Estado? Sim ou não?" Houve 691 votos pelo "sim", o pelo "não" e 27 abstenções. A segunda pergunta dizia respeito ao apelo ao povo. Houve 287 votos a favor, 424 contra e 12 abstenções. Para a Gironda, foi uma derrota inesperada. A última chamada nominal sobre a pena começou em 16 de janeiro às oito horas da noite. Prolongou-se toda a noite e o "pálido dia" 17. A votação por departamento começou a partir da letra G, sorteada: 9 dos 12 deputados girondinos, incluindo Vergniaud, votaram pela pena de morte. Esta venceu por 387 votos contra 334 e 28 abstenções. Em 19 de janeiro, a suspensão da pena foi rejeitada por 380 votos contra 310. Dois dias depois, em 21 de janeiro de 1793, o rei foi executado em meio a uma grande multidão e a homens armados na Praça da Concórdia. "Às dez horas e dez minutos, sua cabeça foi separada de seu corpo e depois mostrada ao povo. Imediatamente, os gritos de 'Viva a República' se fizeram ouvir em toda parte".

Os historiadores monarquistas têm prazer em evocar a crueldade do espetáculo, como se a morte às vezes fosse agradável. Eles descreveram as Parcas decotadas das tribunas apontando para os votos de pena de morte, a noite do escrutínio sobre a pena, mas silenciaram sobre a liberdade de defesa concedida a Luís, a autorização para ser assistido por um padre refratário e até mesmo o regime da prisão do Templo, com seus criados e oficiais de cozinha. De qualquer forma, o problema não era esse.

Tratava-se de um processo político, um dos mais graves da história. Toda uma concepção divina do poder estava em questão. Encontram-se aqui todas as características dos processos de ruptura: o esquecimento da personalidade do acusado, o debate puramente político, a brutal intransigência. Mas a iniciativa, excepcionalmente, pertence à acusação: é apesar de si mesmo – e fascinado – que Luís é o bailarino-estrela desse balé da morte e da razão de Estado.

DIMITROV

Na maior parte dos processos de ruptura, o objetivo da defesa não é tanto absolver o acusado, mas sim colocar em evidência suas ideias. Sócrates poderia, quando lhe propuseram escolher ele próprio a pena que lhe seria aplicada, ter aceitado um compromisso e sugerido o exílio ou uma multa; ao contrário, ele zombou de seus juízes e sacrificou a própria vida.

Dimitrov, diante de um Tribunal alemão, em face de Goering, enquanto o Reichstag ardia em chamas, enquanto os dirigentes do partido comunista já estavam em campos de concentração, afirma da mesma maneira seu orgulho de ser comunista e proclama sua fidelidade à União Soviética. Mas o resultado desse processo, no estrito plano da defesa pessoal, é que Dimitrov foi absolvido.

De fato, entre Sócrates e Dimitrov ocorreu uma considerável evolução. O acusado não é mais um homem solitário, mas um militante. Ele, prisioneiro, conta com seus camaradas no exterior, que continuam, por novos meios, a lutar para tirá-lo das mãos do inimigo. Se Dimitrov triunfa, isso se deve, antes de tudo, à sua coragem, mas também ao fato de que a U.R.S.S. havia se tornado uma grande potência e de que, nos países ocidentais, surgiu um imenso movimento de solidariedade – com homens como André Gide ou André Malraux – para exigir sua libertação. Hoje, a esperança está do lado do acusado político. Ele pode afirmar suas ideias e, ao mesmo tempo, por meio dessa afirmação e graças à solidariedade de todos os seus camaradas de combate, acabar impondo ao Tribunal que recue e o liberte.

Dimitrov, assim como seu advogado e amigo Marcel Willard, tendia a se expressar em termos de combate militar. Seu relato alternado do processo de Leipzig não faz senão aumentar o interesse didático.

"Para melhor seguir a linha de Dimitrov", escreve Marcel Willard, "é necessário recordar claramente os objetivos a que o inimigo se propunha ao montar, após a provocação do incêndio,[13] a fabricação do processo. Esses objetivos, Dimitrov enumera-os ele próprio no *Pravda* de 4 de março de 1934:

"1º Isentar de culpa os provocadores;

"2º Justificar o terror selvagem contra o proletariado revolucionário, o aniquilamento impiedoso do liberalismo burguês de esquerda..., os pogroms de massas, os assassinatos etc.;

"3º Alimentar uma nova campanha anticomunista. Tal processo deveria servir de fundamento a um novo processo contra o Partido Comunista Alemão;

"4º Apresentar a prova de que o governo fascista combatia vitoriosamente o comunismo mundial e havia salvado a tempo a Europa capitalista do perigo

---

13 Na noite de 27 de fevereiro de 1933, enquanto o Reichstag estava sendo incendiado, a Gestapo prendia um holandês chamado Marinus Van Der Lubbe. Interrogado, ele confirmou imediatamente as acusações já lançadas pelos líderes nazistas: o incêndio tinha sido obra do Partido Comunista Alemão e da Internacional Comunista. Estava aberta a caça às bruxas. A Gestapo prendeu o deputado comunista Torgler, depois três militantes búlgaros, entre os quais Georges Dimitrov, membro do comitê executivo da Terceira Internacional. A acusação fechava sobre eles o círculo de seus testemunhos.

comunista. As cabeças dos quatro acusados deveriam ser a moeda de troca que os fascistas empregariam em suas próximas negociações com os países capitalistas".

Com base nestes dados, ele estabeleceu os principais pontos de referência de sua ofensiva:

"– Primeiro, tomar e manter a iniciativa;

– Em favor desta iniciativa, conceber e executar um plano estratégico;

– Demolir politicamente não só a acusação, mas o próprio inimigo. Torná-lo ridículo".

Começou com a polícia, depois foi a vez do juiz de instrução, dos dois procuradores, dos advogados nazistas e, finalmente, da imprensa hitleriana.

Como em um processo de conivência, ele atacou os fatos, as testemunhas, a investigação, mas não para se defender, e sim para atacar, para demolir.

Suas perguntas às testemunhas foram meras progressões para o ataque final. Ao comissário Heisig, que pretendia ter recebido sua confissão dos próprios lábios de Van Der Lubbe, ele pergunta: "Era com seus próprios lábios que Van Der Lubbe falava fluentemente alemão? Foi com seus próprios lábios e voz que ele declarou o que serve de base para a acusação?"

Quando o nazista Kroger jura ter surpreendido no Reichstag uma conversa entre Popov e Torgler, tendo o Tribunal constatado que Popov era tão ignorante em alemão quanto Torgler em búlgaro: "Em que língua?", pergunta-lhe Dimitrov.

Ampliando o tema, ele interpela o inspetor Brosig: "O incêndio do Reichstag não foi o sinal da destruição dos partidos operários e não pôs fim aos conflitos internos do governo hitlerista?"

"Vê-se assim", comenta Marcel Willard, "desenvolverem-se os três temas principais de sua defesa política:

1º Insurreição comunista? Não, nem verdadeira nem verossímil;

2º O terrorismo era obra pelos nazistas;

3º O incêndio só aproveitou ao regime hitlerista".

Quanto ao primeiro ponto, ele pede, sem sucesso, a oitiva de Ernst Thaelmann, dirigente do Partido Comunista alemão preso. Em seu lugar, Dimitrov glorifica a ação de massa do Partido Comunista.

Sobre os outros dois pontos, Dimitrov pede que sejam ouvidos os antigos chanceleres Bruning e Von Schleicher, o vice-chanceler Von Papen, o chefe dos "Capacetes de aço", Dusterberg. Em vão, mas não importava, já que as perguntas foram formuladas:

"É verdade que o incêndio do Reichstag foi plenamente utilizado pela direção nacional-socialista para superar todas as dificuldades governamentais que haviam surgido, para instalar sua autocracia, para estabelecer aquilo que ela chama de Estado totalitário?"

"É verdade que, em janeiro e fevereiro de 1933, ninguém esperava seriamente que, por iniciativa do Partido Comunista, eclodisse uma insurreição imediata, e que essa lenda só foi difundida após o incêndio do Reichstag para justificar as medidas de força do governo e os atos de violência das formações da S.A. e da S.S.?"

Com o terreno desobstruído, Dimitrov pergunta se não existe no Reichstag um subterrâneo secreto ligando o escritório de Goering ao segundo foco de incêndio, onde Van Der Lubbe foi detido.

Presidente do Conselho da Prússia, Goering passava, de súbito, à condição de acusado. Com o apoio dos juízes, da imprensa e da rádio, ele se apresenta ao Tribunal para sustentar a acusação contra Dimitrov.

Este o interroga sobre o comunicado que ele fizera publicar antes de qualquer investigação, na própria noite do incêndio, responsabilizando o partido Comunista Alemão e afirmando que Van Der Lubbe fora preso portando a carteira de membro do Partido.

Goering tenta suas manobras anticomunistas e depois passa às injúrias. Dimitrov responde simplesmente: "O senhor tem medo das minhas perguntas?" Goering o chama de canalha e o Tribunal ordena a expulsão do acusado. Mas ele ainda tem tempo de dizer:

"Admito que, tanto como acusado quanto como advogado de defesa de mim mesmo, sou desagradável e embaraçoso para meus acusadores e para seus comitentes, mas não posso fazer nada sobre isso. O procurador foi suficientemente imprudente para me fazer sentar, eu, apesar da minha completa inocência, no banco dos réus, diante do Tribunal do Império. Agora os senhores deverão pagar o custo de sua imprevisibilidade. Prepararam o molho e agora vão ter que engoli-lo, quer o achem bom ou não, isso não é da minha conta e não me interessa de jeito nenhum".

O processo, que durou três meses, chega ao fim. De volta à audiência, Dimitrov profere sua defesa final:

"Eu defendo minhas ideias, minhas convicções comunistas. Defendo o sentido e o conteúdo da minha vida. Que minha defesa diante do Tribunal do Império obtenha, ademais, um efeito de propaganda, é possível. Pode-se também admitir que minha atitude perante o Tribunal possa servir de exemplo a um acusado comunista. Mas, a meu ver, os discursos dos senhores Goering e Goebbels produziram certamente, também eles, efeitos de propaganda favoráveis aos comunistas, embora esses senhores não tenham, de forma alguma, disso se dado conta".

"Por meu intermédio, é o proletariado búlgaro, alemão, universal, é a Terceira Internacional inteira, é o comunismo que se encontra em posição de resposta e que, consciente de seu destino histórico, fala como senhor, como vencedor, e assume a mais gloriosa contraofensiva, que doravante nada poderá conter".

Para concluir sobre sua sorte pessoal, Dimitrov reclama, ironicamente, uma indenização. "Um tempo virá", conclui, "em que essas reivindicações serão pagas com juros".

Esse tempo será Nuremberg.

O paradoxo dessa defesa é que, do ponto de vista dos autos, ela era desnecessária: por um lado, Dimitrov tinha um álibi indiscutível, podendo provar que, na noite do incêndio, não estava em Berlim; por outro lado, durante os debates, o Ministério Público acabou por admitir que Lubbe poderia ter agido sozinho.

Mas foi o próprio Dimitrov quem, paradoxalmente, opôs-se a essa tese:

"Lubbe não estava sozinho. Não, mil vezes não! A sala de sessões foi incendiada por outras pessoas. Houve dois focos de incêndio, o ateado por Lubbe e o da sala de sessões. Lubbe foi claramente um instrumento nas mãos de alguns. Ele não é comunista, é um proletário degradado e revoltado. Foi assim que a aliança clandestina da loucura e da provocação política produziu o incêndio do Reichstag. A loucura está no banco dos réus, mas os provocadores desapareceram".

Mas foi o próprio Dimitrov quem, paradoxalmente, se opôs a essa tese:

Dimitrov sairá livre das mãos dos nazistas.

No entanto, para as pessoas de toga – juízes, procuradores ou advogados –, o processo normal continua a ser o processo de conivência: em uma etapa histórica em que a guerra nacional desemboca na guerra civil, em que a guerra civil assume um caráter internacional, aqueles que sonham sob as dobras da bandeira da Justiça, com maiúscula, jamais compreenderão essa guerra feita, como as outras, de coragem e abnegação, mas também de astúcia e de crueldade.

Acusado político por excelência, Prometeu não invocou a lei divina. Não alegou o frio como desculpa.

Ele roubou o fogo em nome, simplesmente, do amor que tinha pelos homens. Que vergonha – ou que astúcia – impede juízes e advogados de admitirem também o seu partido?

CAPÍTULO III

TÉCNICA DO PROCESSO POLÍTICO

O PALÁCIO DOS ESPORTES

Cada época tem seus espetáculos e suas formas de arte. À tragédia sucede o romance, ao ditirambo a ópera. Século das guerras e das revoluções anunciadas por Stalin, o nosso vê desmoronarem todos os sistemas de referência; à imensa crise dos sistemas coloniais responde no campo socialista a querela do revisionismo e do pensamento de Mao Tse-tung. Sobre o solo fértil das crises morais e religiosas nascem os processos vermelhos.

Esses conflitos acirrados adquirem valor universal porque se inscrevem na luta mundial das forças revolucionárias e contrarrevolucionárias. No caso dos processos de ruptura, a perturbação é tão maior que as massas forçam o recinto, invadem os Tribunais, transformam-nos em Palácio dos Esportes.

Na época atual, a justiça oferece espetáculos edificantes: são as reuniões de acusação na República Popular da China em que, como em um balé, os traidores carregam mitras de papel; os Tribunais Criminais do Ocidente, nas quais os moradores de rua vêm se aquecer no inverno e escrutar o futuro nos olhos dos ladrões; ou ainda o debate proposto por Castro aos mercenários prisioneiros da Baía dos Porcos.

No dia 17 de abril de 1961, cerca de mil emigrantes cubanos treinados, armados e transportados pelos serviços especiais americanos desembarcaram em Cuba. Seu objetivo era estabelecer uma cabeça de ponte com a cumplicidade da oposição interna e, em seguida, instalar um governo provisório que pediria a intervenção oficial dos Estados Unidos.

Mas a prevista insurreição anticastrista não ocorreu e, após quatro dias de combate, os invasores foram feitos prisioneiros. São esses homens que, menos de uma semana depois de sua detenção, Fidel Castro ordena reunir no grande anfiteatro do Palácio dos Esportes de

Havana para com eles discutir, diante das câmeras da televisão, as razões de sua aventura, as causas de seu fracasso e o futuro de Cuba.

O diálogo com os prisioneiros tinha um árbitro: o povo. Seria a ele que a Revolução e a Contrarrevolução prestariam contas durante quatro horas. Esse processo puro, despojado de todas as formas judiciais, transforma-se em lição de ciência política. É com palavras comuns que Castro descreve o socialismo:

"Vocês sabem o que é o socialismo? Querem que eu explique o que é o governo revolucionário? É um governo que entrega a propriedade da terra a cem mil colonos, meeiros, fazendeiros que antes pagavam arrendamentos. Vocês sabiam que agora eles não têm que pagar mais nada? Vocês sabiam? Concordam?" ("Sim", respondem os prisioneiros, derrotados pela segunda vez).

Castro explica então a diferença entre democracia ocidental e democracia socialista, não a partir do direito público, mas das preocupações e esperanças de cada um: "Era o camponês humilhado, aquele que dava o porco, a galinha ao guarda rural e que, em caso de conflito, era maltratado. E quais direitos tinham esses camponeses? Quais direitos tinham para dirigir as plantações? Nenhum. Bem, vou dizer uma coisa para que vocês saibam: onde antes havia uma plantação de cana-de-açúcar, hoje os trabalhadores se reúnem e organizam a cooperativa. Eles mesmos elegem seus dirigentes".

É a partir desses dados que os invasores devem compreender sua derrota. Esses camponeses não podiam receber os cruzados do "mundo livre" como libertadores: "Sabiam o que havia no local onde desembarcaram?" Milhares de famílias! Duzentos quilômetros de estradas construídas pela Revolução! Sabiam que o governo revolucionário secou o pântano de Zapata, transformando em poucos meses um dos lugares mais remotos do nosso país em um dos mais visitados? Vocês sabiam que ali havia duzentos professores que davam aulas aos camponeses? E vocês foram desembarcar ali? Vocês acreditavam que esses camponeses iriam receber de braços abertos Tony Varona, Miro Cardona, para que fossem senadores ou deputados? Vocês entendem agora por que os camponeses não podiam recebê-los de braços abertos? Vocês entendem ou não entendem?" (gritos de "Sim! Sim!").

O processo estava ganho. A imposição de uma pena não é uma questão de princípio, mas de conveniência política. A detenção dos mercenários derrotados nas prisões cubanas era uma arma nas mãos do vencedor; o governo dos Estados Unidos não podia abandoná-los. Negociações mais ou menos disfarçadas começaram através de supostas organizações de caridade. Cuba exigia, antes de libertar e expulsar os prisioneiros, ser indenizada pelos danos de guerra causados por eles. Após muitas hesitações, o governo dos Estados Unidos teve que concordar, selando assim sua derrota militar com uma derrota política.

No entanto, em 29 de março do ano seguinte, talvez para pressionar as negociações, o processo dos prisioneiros foi iniciado com juízes, testemunhas e advogados nomeados de ofício, um Tribunal de circunstância que, embora fingisse respeitar as formalidades, proferiu contra os prisioneiros uma sentença coletiva de trinta anos de prisão, sem buscar individualizar as penas. Informados das negociações, desta vez os acusados permaneceram em silêncio, alegando sua condição de soldados. Eles recusaram, com justa razão, os advogados que, em uma homenagem desajeitada ao conformismo, a Revolução tentava impor-lhes.

O encontro do Palácio dos Esportes marca, no entanto, a aurora de uma nova acusação política. O mundo vive a agonia do imperialismo e das suas concepções políticas, morais e jurídicas. Os homens da África, da

Ásia e da América Latina deixam os limbos jurídicos nos quais os defensores da opressão colonial pretendiam confiná-los. A questão colocada para eles é de uma repressão séria aos crimes do imperialismo, que não pode se embaraçar pelas formas de um outro mundo nem se ajustar aos júris de primeira instância.

Senhores magistrados, joguem fora suas perucas! Estão por vir juízes de pés descalços!

NUREMBERG

Há vinte anos, o julgamento de Nuremberg também deveria ser um grande processo-espetáculo educativo. Concebido especialmente pelos governos dos Estados Unidos e do Reino Unido, ele deveria mostrar aos emuladores dos dirigentes nazistas o que lhes custaria se se atrevessem a mergulhar de novo a Europa em um banho de sangue. É muito provável, também, que ele devesse constituir, no espírito de seus executores, um aviso para o governo soviético. Apesar de ter manifestado suas reticências em relação a esse Tribunal, tanto em Teerã como em Ialta, brindando "somente à justiça do pelotão de execução", Stalin teve que enviar uma representação do governo soviético.

Não se pode dizer que o processo tenha sido um grande êxito. À diferença dos processos em que o debate político é claro para as massas, o de Nuremberg, que lidava com os problemas da guerra e da paz, foi obscurecido pelas divergências ocultas, mas profundas, que paralisavam os juízes e os procuradores.

É certo que era possível julgar os acusados nazistas em nome da concepção da ordem pública internacional das democracias parlamentares da Europa e da América do Norte, ou com base na filosofia da história marxista-leninista. Era impossível acusar e julgar ao mesmo tempo em nome destas duas visões antagônicas.

Essa foi a aposta perdida de Nuremberg e também a razão pela qual os magistrados de Nuremberg fugiram do principal debate de fundo, que a enormidade dos crimes nazistas exigia, para se agarrarem a noções jurídicas formais, vagas e contraditórias. Desarmados sobre o debate de fundo, a defesa pôde assim desenvolver, não sem elegância no plano do direito puro, um espetáculo coerente e eficaz.

O professor Iahrreisz não contestou a acusação principal, de que a Alemanha havia iniciado uma série de guerras de agressão; entre as provas, aliás, as atas das reuniões do gabinete do Reich não deixavam qualquer dúvida sobre este ponto. Mas ele negava que tais fatos pudessem ser objeto de qualquer sanção penal. O pacto Briand-Kellog, de 1928, conhecido como "pacto de renúncia à guerra", não definia, de fato, a noção de agressão, e previa apenas sanções diplomáticas. As duas regras fundamentais do direito penal moderno, *nullum crimen* e *nulla poena sine lege* "nenhum crime e nenhuma pena sem uma lei" (para defini-las e fixá-las previamente) – tinham sido violadas. Do ponto de vista estritamente jurídico, esta era uma opinião dificilmente contestável.

Mas não era apenas no plano do direito puro que os juízes e os procuradores se viam embaraçados, era também no plano dos fatos. Com a acusação invocando a resolução da S.D.N. que declarava a guerra de agressão "crime internacional", a defesa teve a facilidade de lembrar a jurisprudência da própria S.D.N., que tinha se abstido de qualquer iniciativa quando da agressão japonesa contra a China e se contentado com um protesto platônico por ocasião da conquista da Etiópia por Mussolini. Se os juízes ocidentais tivessem podido se expressar à época, sem dúvida teriam respondido que as vítimas eram países fora da Europa e que o crime do nazismo havia sido precisamente o de ter transplantado esses métodos de guerra antipopular e de colonização clássica para o concerto europeu. Mas a presença do delegado soviético impedia-os de fazê-lo.

Do mesmo modo, quando, a propósito do ataque de Hitler contra a Polônia, a defesa invocou os protocolos anexos do pacto de não-agressão germano-soviética, deixando a União Soviética livre para agir nos países bálticos e nos territórios poloneses situados a leste da linha Curzon, o procurador soviético poderia ter replicado que o critério de um ato político é seu conteúdo e não a forma convencional de que ele pode se revestir – mas a presença dos ocidentais também o condenava ao silêncio. Ele negou a existência de tais protocolos e, sabendo que a defesa havia sido comunicada a respeito disso por intermédio de um agente do O.S.S. (a futura CIA), ele exigiu que a origem duvidosa do documento, alegado como falso, fosse antes revelado. O presidente – inglês – preferiu excluí-lo dos debates.

Constrangida na discussão sobre a definição de agressão, a acusação não se sentiu mais à vontade no debate sobre os crimes de guerra. O almirante Doenitz, chefe da marinha alemã, homem de confiança de Hitler e a quem foi delegado por testamento as funções de chefe de governo, consegue nessa ocasião salvar o próprio pescoço. Em 1942, no entanto, ele havia endereçado uma instrução a todos os comandantes de submarinos alemães sobre a atitude a adotar em relação aos náufragos aliados: "É proibido qualquer resgate do pessoal de um navio torpedeado. Devem ser salvos apenas aqueles cujo interrogatório possa revelar informações úteis ao submarino. Cumpre ser implacável". Ele completava essa instrução ordenando que fossem sistematicamente afundados os navios de resgate encarregados de recuperar os náufragos em comboio: "Dado que queremos destruir também as tripulações desses navios, a destruição do *rescue ship* é de grande importância". Doenitz não contesta os documentos; ele submete ao Tribunal uma ordem similar subscrita por Chaster Nimitz, chefe da frota americana do Pacífico, sobre os náufragos japoneses. Ele foi condenado a dez anos de prisão.

Os crimes contra a humanidade, à diferença dos crimes de guerra definidos pelas Convenções da Haia, eram uma noção nova. O artigo 6, "c", do Estatuto os definia assim:

> O assassinato, o extermínio, a escravidão, a deportação e qualquer outro ato desumano cometido contra todas as populações civis *antes ou durante a guerra*;[14] ou perseguições, por motivos políticos, raciais ou religiosos, quando tais atos ou perseguições, quer tenham ou não violado o direito interno dos países onde foram perpetrados, tenham sido cometidos na sequência de qualquer crime da competência do tribunal ou em ligação com esse crime.

A definição – compromisso por adição, o pior de todos – era tão imprecisa que podia se voltar contra os próprios juízes. É bem verdade que o procurador Jackson, dos Estados Unidos, verdadeiro inspirador do processo em sua forma final, tinha agido bem ao estipular que os acusados eram obrigados a responder por seus atos e não teriam o direito de criticar os atos dos governos vencedores. No entanto, o perigo existia e a opinião pública podia estar, aqui ou ali, inclinada a julgar os chefes de Estado aliados de acordo com essas mesmas disposições.

Não poderia a perseguição praticada pelo governo soviético por motivos políticos ser invocada contra a destruição dos gulags enquanto classe e enquanto dez

---

14 Grifo nosso.

milhões de indivíduos? O extermínio das populações civis não poderia se estender também aos tasmanianos--australianos, ou aos pele-vermelhas aniquilados pelos conquistadores anglo-saxões? Não poderia a escravidão se aplicar ao trabalho forçado nas colônias francesas?

A questão era importante, ao tempo em que os Estados Unidos testavam suas primeiras bombas atômicas sobre populações asiáticas e começavam, quer diretamente, quer por quintas colunas interpostas, a conquista ou a reconquista da China, da Coreia e das Filipinas; em que a França, tendo reprimido a insurreição argelina de 1945, empreendia a reconquista da Indochina; e em que o Reino-Unido tinha de enfrentar a revolta da frota indiana.

O destino dos judeus punha em causa a atitude de cumplicidade do governo polonês, evocava tanto o destino da maioria africana na República Sul-africana como o da minoria negra nos Estados Unidos.

Foi um debate capital aquele que o Tribunal evitou ao interpretar de forma restritiva o artigo 5, "c", do Estatuto:

> Para constituir crimes contra a humanidade, é preciso que os atos desta natureza, perpetrados antes da guerra, tenham sido a execução de uma conspiração ou um plano concertado para desencadear e conduzir uma guerra. É necessário, no mínimo, que eles estejam relacionados com tal plano. Ora, o Tribunal não considerou que a prova dessa relação tenha sido estabelecida, por mais revoltantes e atrozes que tenham sido por vezes os atos em questão. Ele não pode, portanto, declarar de modo geral que tais fatos, imputados ao nazismo e anteriores a 1º de setembro de 1939, constituam, na acepção do Estatuto, crimes contra a humanidade.

Assim, resultava da sentença do Tribunal que este considerava o genocídio como passível de uma sanção internacional somente na medida em que estivesse ligado a uma tentativa de questionar a partilha do mundo. A jurisprudência que ela pretendia fixar era clara: todas as perseguições raciais cometidas "em casa", no interior das fronteiras nacionais, todas as repressões coloniais consideradas como sendo de direito interno, escapando, pois, a qualquer punição internacional, não eram crimes contra a humanidade.

Não era possível condenar os acusados de Nuremberg sem referência a suas ideologias, mas, pelo mesmo motivo, a acusação corria o risco de ultrapassar o âmbito do processo. Foi por isso que Jackson se opôs vitoriosamente a Francisco de Menthon e ao general Rudenko: "Não são seus pensamentos, são seus atos que qualificamos de crimes".

Por trás desse processo ambíguo, podemos, de fato, acompanhar dois processos inconclusos. O primeiro, um processo de ruptura entre a defesa nazista e a acusação soviética. O segundo, um processo de conivência entre os acusados e seus procuradores ocidentais, especialmente anglo-saxões. Além disso, os acusados, se não hesitaram opor a seus acusadores seus próprios atos a respeito dos crimes contra a paz e dos crimes de guerra, por outro lado também não questionaram, sobre a quarta acusação, seu comportamento em seus impérios extra-europeus.

Na sequência desse diálogo secreto, em 1º de outubro de 1946, Frank, carrasco da Polônia, pede perdão a Deus e agradece ao Tribunal por tê-lo condenado à morte. Von Papen e Schacht, a Igreja e o Banco, são absolvidos.

Como a acusação não estava animada de uma única vontade de vencer, falhou parcialmente. Uma acusação monolítica, puramente soviética ou puramente ocidental, poderia ter vencido.

Será que isto significa, no entanto, que as lições de Nuremberg sejam todas negativas? Certamente não. Nuremberg reflete toda a ambiguidade da vítima de 1945. Que cada um possa fazer bom proveito.

A primeira lição do processo é que um Tribunal mundial, universal, sonho de utopistas e espertalhões, é impossível. É preciso que os juízes estejam em condições de julgar e os procuradores de requerer em nome de uma mesma concepção da ordem pública internacional: Tribunal revolucionário ou Tribunal da Santa Aliança, mas não os dois ao mesmo tempo.

A segunda lição é que agora os vencedores – e quem serão eles, senão os povos? – têm o direito de julgar os vencidos. O pelotão de execução de Stalin é o pior que pode acontecer, suas salvas de tiros não têm o eco do amplo debate e do ritual judiciais. Para se dar conta, basta recordar a emoção provocada nos Estados Unidos quando se espalhou o rumor de que Hanói iria *julgar* seus aviadores prisioneiros por crimes de guerra.

A terceira lição é que, na ordem internacional sempre em mudança, é necessário e possível suprir a ausência de precedente e de leis simplesmente criando-os.

A quarta lição de Nuremberg é que, a respeito das S.S. e da Gestapo, ele introduziu na jurisprudência internacional a noção de responsabilidade coletiva.

A quinta lição é que ele rejeitou as escusas tradicionais da qualidade oficial e da ordem recebida.

A sexta lição é que os indivíduos, do ponto de vista criminal, passaram a ser dali em diante sujeitos de direito internacional.

Esse Tribunal dos Povos nascerá algum dia? Sem dúvida. A imprensa oficial da F.L.N. em Argel considerou por um momento a convocação de um Tribunal revolucionário africano para julgar o Sr. Tshombé e nem mesmo os ilustres membros da Comissão de Inquérito Russell sobre o Vietnã adotam a aparência de um Tribunal para interessar a opinião pública em seu trabalho.

O Direito Internacional, porque reflete as contradições antagônicas do mundo atual, deve tirar as lições de Nuremberg sem seguir seu exemplo. Ele não deve nascer da iniciativa de algumas pessoas, mas sim da luta dos povos. Os juízes de Nuremberg tiveram o mérito de falar em nome de seus mortos, de sua vitória e de suas forcas.

BUKHARIN

Como toda batalha, um processo também parece um jogo, mas pode não ser um jogo de azar.

A tendência geral é explicar toda confissão pelo uso de tortura física ou "moral". Não é proibido, no entanto, imaginar processos de bruxas em que o fogo era usado no final apenas para a perfeição do rito, sem desempenhar nenhum papel no processo, no diálogo dos inquisidores e dos criminosos, dos processos conduzidos sem excessos nem gritos que ecoaram cedo, nem derramamento de sangue antes do tempo, em uma cumplicidade resignada do acusado e do Ministério Público.

No processo das bruxas de Salem, Arthur Miller[15] teve razão em mostrar juízes "imparciais": "nas nossas almas, as estradas do bem e do mal se cortam e recortam ao infinito", diz o reverendo Halle. E fazendo eco a ele, o governador Danforth aconselha: "Não tiremos conclusões precipitadas".

E, no entanto, Mary Waren, que não é torturada por ninguém e que se arrepende de ter acusado

---

15 MILLER, Arthur. *Les Sorcières de Salem*. Paris: Robert Laffont, 1953.

inocentes injustamente, acaba por acusá-los de novo. Tudo o que ela diz, de fato, se volta contra ela, e, como não consegue explicar o que se passou, ela capitula diante da evidência judicial que não é a dos fatos.

Os processos de Moscou tampouco podem ser explicados unicamente pela tortura, pela droga ou pela pressão moral, como faz o Sr. Khrushchov em seu relatório. Muito menos, como propunha Koestler, por conceitos religiosos judaico-cristãos alheios à filosofia dos acusados.

Como ele mesmo disse, Bukharin não era um personagem de Dostoievsky, "daqueles prontos a clamar em praça pública: me espanquem, ortodoxos, eu sou um canalha". Nem drogado, nem diminuído pela tortura, ele se defendia passo a passo das acusações de espionagem ou de terrorismo.

Entretanto, no final do processo, ele se confessava derrotado: "Chega, eu vou falar, talvez pela última vez na vida. Quero explicar como cheguei à necessidade de capitular perante o Poder Judiciário e perante vós, cidadãos juízes. Eu rejeito a acusação de ter atentado contra a vida de Vladimir Ilitch, pois o que tentamos, meus cúmplices de contrarrevolução e eu à frente deles, foi matar a obra de Lênin continuada por Stalin com um sucesso prodigioso".

As razões dessa derrota não devem ser procuradas em outro lugar a não ser na própria prática e ideologia de Bukharin. Ele, que havia defendido a industrialização a passos de tartaruga, constatava o sucesso dos mandatos de cinco anos; ele, que havia defendido a aliança com a burguesia rural, assistia estupefato à morte dos gulags. As forças sociais sobre as quais ele se apoiava tinham sido destruídas. Sua força moral desmoronava perante o sucesso de seu adversário e "o julgamento da história" que o oprimia.

Marxista brilhante, mas escolástico, como observou Lênin, Bukharin havia acreditado que a revolução explodiria nos países avançados do Ocidente. Ele tinha subestimado o papel do partido e dos homens na construção do socialismo dentro de um país subdesenvolvido como a Rússia. Filho da filosofia europeia do Iluminismo, ele havia recuado diante do preço que era preciso pagar pelos quinquênios e pela coletivização. No plano de uma geografia política formal, ele havia se perdido.

Sem dúvida, sua posição se esclarece com o recuo da história, mas, na época, Tito ainda era apenas o obscuro camarada Walter, do aparelho do Comintern, e Mao Tse-Tung mal prevalecia sobre os dogmáticos do partido comunista chinês. Bukharin, apesar de sua cultura teórica, não poderia estar tão à frente do seu tempo. Ele não conseguia ver o fio que ligava seus vinte anos de flutuações, nem que essas contradições políticas dentro do partido, que não eram antagônicas na época de Lênin e até mesmo no tempo de sua aliança com Stálin contra a oposição de esquerda, tinham se tornado antagônicas desde a segunda revolução, mais profunda do que a primeira.

À diferença de Danton, corrupto, porém lúcido, e que não sentiu nenhum peso na consciência diante dos iluminados que o acusavam porque era mais realista do que eles e tinha uma visão mais nítida da sociedade burguesa que estava nascendo, Bukharin era mais do que uma “consciência infeliz” procurando em vão, seguindo a expressão de Hegel, que ele aficcionava tanto, “reconhecer a rosa da razão na cruz de seu sofrimento presente”.

É por isso que ele foi um perdedor desde o início e Stálin sabia disso e adotou a maneira mais preguiçosa para expressar seu desacordo político: os termos do direito comum.

OS TEMPLÁRIOS

O belo processo dos templários – como dizemos de uma ferida que é bela – foi jogado como um jogo de xadrez. A abertura não foi escolhida aleatoriamente nem o lento movimento dos peões. Cada jogada do adversário é prevista e contra-atacada até o xeque-mate.

A Ordem estava na encruzilhada. Na Palestina, o horizonte dos templários havia se ampliado. Eles tinham visto um rei da França se aliar a um sultão da Babilônia, um imperador do Sacro-Império conspirar com o "Velho da Montanha". Eles haviam sido iniciados nas tradições religiosas do Oriente, neoplatônicos, gnósticos, maniqueístas, e tinham descoberto o islamismo. Um esoterismo novo se abrigava atrás da hierarquia extrema da Ordem e seu apreço pelo segredo.

Ao mesmo tempo, no plano temporal isso criava problemas para o rei da França. Difundida de Chipre até a Espanha, a Ordem dos Templários expressava um ideal de unidade da cristandade em contradição com o nacionalismo nascente do reino de França e, sobretudo, ela tinha se tornado uma poderosa organização financeira. Confrontado com as dificuldades que implicava a criação de um Estado forte e centralizado, Felipe, o Belo, se viu obrigado a recorrer à Ordem. Ao mesmo tempo, ele conseguiu avaliar o poder deles, que era incompatível com o seu. A Ordem estava condenada.

Essas foram, sem dúvida, as principais razões do conflito. Era preciso traduzi-las em termos de fé, em álgebra judicial. Era preciso abrir um processo. E ele seria obra do mais influente dos conselheiros do rei, Guillaume de Nogaret. Para apreciar a elegante simplicidade de sua solução, é necessário bem entender a complexidade do problema que ele tinha que resolver:

– O povo não teria entendido que, para arruinar seu poder e confiscar suas propriedades, o rei trataria os Cavaleiros Templários como acabara de fazer com os judeus, despojados, torturados e expulsos do reino; primeiro era necessário expulsar os Templários da Igreja;

– mas para expulsar os Templários da Igreja, era necessária a ajuda do Papado, que não podia concedê-la, por mais francês e fraco que fosse o novo Papa; era necessário, portanto, colocar o Papa diante de um fato judicial consumado;

– e para colocar o Papado diante de um fato judicial consumado, era preciso utilizar a Igreja de França sem nunca correr o risco de perder o controle.

Foi o que aconteceu.

Em 1363, um templário chamado Esquin de Floyrano, que havia assassinado um governador provincial da Ordem perto de Milão, se refugiou em Paris. Nogaret entrou em contato com ele e o trancafiou no castelo real de Toulouse, na mesma cela de um burguês condenado à morte. Tendo ambos sido privados, excepcionalmente, do concurso de um padre, um confessou o outro. Espantado com a confissão de Esquin sobre os crimes que ele teria testemunhado na Ordem do Templo e entendendo a vantagem que poderia auferir com sua denúncia, o homem pediu uma audiência ao rei, que lhe foi concedida, a conselho de Nogaret. Ele foi perdoado. Quanto ao rei, ele tinha acabado de encontrar o piedoso motivo da ruptura. Mas esperou quatro anos pelo momento certo.

Na sexta-feira, dia 13 de outubro de 1307, exatamente na mesma hora, foram presos todos os templários da França, incluindo o grão-mestre Jacques de Molay. No dia seguinte, o rei declarou, em um manifesto, ter agido movido pelas "súplicas do nosso bem-amado Senhor, Guilherme de Paris", inquisidor da França. Na verdade, a ordem secreta de prisão tomada pelo Conselho do Rei era do dia 14 de setembro e a ordem de requisição do inquisidor do dia 22 do mesmo mês.

Dez dias depois, em 24 de outubro, Jacques de Molay confessava: "Quarenta e dois anos atrás, fui recebido em Beaune pelo irmão Humbert de Pariaud, cavaleiro, na presença do irmão Amaury de la Roche e vários outros dos quais não tenho mais os nomes em minha memória. Fiz todos os tipos de promessas sobre as observâncias e os estatutos da Ordem e, em seguida, recebi o manto. O irmão Humbert, na sequência, mandou que trouxessem uma cruz de bronze sobre a qual estava a imagem do Crucificado e me ordenou que eu negasse o Cristo imóvel naquela cruz. De má vontade, eu obedeci. O irmão Humbert me disse em seguida para cuspir na cruz, mas eu cuspi no chão".

No dia 25 de outubro, Molay era apresentado aos professores e estudantes da Universidade de Paris, a quem ele confirmou sua confissão. Dos cento e trinta e oito irmãos do Templo presos em Paris, apenas quatro se declararam inocentes. O Papa, em pânico, ordenou a prisão de todos os Cavaleiros Templários em toda a Europa para protegê-los das iniciativas de outros soberanos, parecendo assim confirmar as acusações feitas contra eles pela autoridade real na França. O rei venceu a primeira rodada.

O Papa tentou revidar. Em fevereiro de 1308, ele revogou os poderes da Inquisição e evocou diretamente o caso. O processo corria o risco de se voltar contra o rei. Guardião "da pérola infinitamente preciosa da fé católica", Felipe respondeu à iniciativa de Clemente V com um apelo aos Estados Gerais, à opinião pública. Convocando seus prefeitos, vereadores, cônsules, comunas, barões, arcebispos, bispos e abades, no final de março de 1308 ele apresentou diante deles uma violenta acusação contra os irmãos do Templo. Recorrendo a um procedimento destinado a ter um grande sucesso, ele amalgamava todas as confissões parciais extraídas de seus prisioneiros em uma única acusação:

"Ó dor! Ó abominável e funesto desvio dos templários! Sabiam vocês que eles não apenas negaram Cristo em sua profissão, mas forçaram aqueles que entraram em sua Ordem sagrada a fazer o mesmo. Quando cuspiam em sua cruz, cuspiam em suas obras, nos sacramentos necessários de nossas vidas e em toda a sua criação: beijavam-se nos lugares mais vis, adoravam ídolos e não hesitavam em afirmar que a moral antinatural negada pelas bestas lhes era permitida, em virtude de ritos vis. O céu e a terra se comovem com tantos crimes; os elementos são perturbados".

Os Estados Gerais deram sua aprovação ao rei. O Papa recuou. Ele deixava a instrução de casos individuais para as comissões diocesanas, enquanto a Pontifícia Comissão investigaria apenas a atividade da Ordem como tal, para fazer um relatório a um concílio posterior. Os prisioneiros permaneciam onde estavam, isto é, nas mãos do rei.

O recuo do Papa certamente infringia os "direitos da defesa", mas não a tornava impossível. A Ordem era internacional e, em alguns países, os poderes públicos lhes eram favoráveis: portanto, ela podia contra-atacar. Mas não fez nada disso. Na própria França, os irmãos do Templo poderiam, perante a Comissão Pontifícia, denunciar a operação de "calúnia e cobiça" dirigida contra eles, para usar a expressão do rei da Inglaterra. Eles tampouco o fizeram. Seria simplista invocar apenas a tortura ou a falta de coragem para explicar tal passividade, porque quando confrontados com a fogueira muitos deles se mostraram heroicos; cumpre buscar outras razões para sua atitude.

Os templários não eram apenas prisioneiros do rei. Eles também eram prisioneiros dos princípios que o rei invocava contra eles. Hereges, eles permaneceram cristãos. Membros de uma Ordem internacional, eles permaneciam cavaleiros franceses educados no respeito ao soberano. Eles eram suficientemente lúcidos para discernir, por trás da acusação de impiedade, os motivos profanos de sua perseguição; eles permaneciam suficientemente cristãos para encarar essa acusação com leveza e não se sentiam obrigados a responder a ela.

É claro que eles denunciaram as torturas que sofreram e retiraram a maior parte de suas confissões. Dessa forma, eles autenticaram o que não contestaram. Quase todos confirmaram ter renegado Jesus e pisado sobre a cruz, quando tinham sido recebidos a portas fechadas, na penumbra das capelas e das comanderias. Os historiadores mais favoráveis ao Templo já não põem em dúvida esse fato. Mas uma cerimônia esotérica está destinada a permanecer oculta, assim como uma conspiração está destinada ao sucesso. Denunciados, os templários ficaram atônitos. Já não podiam se explicar no terreno judicial simplista e esquemático no qual eram obrigados a dizer sim ou não.

Essa é, sem dúvida, a razão pela qual os mestres do Templo se recusaram a responder diante da Comissão Pontifícia e pediram para ser ouvidos diretamente pelo Papa. Mas este não podia consentir, por medo do rei.

Em face dessa defesa decapitada, o poder real mantinha sua pressão. Em 12 de maio de 1310, cinquenta e quatro templários originários da região parisiense foram queimados por ordem do sínodo reunido em Paris sob a presidência do arcebispo de Sens, devoto do rei. Na noite do dia 18 desaparecia Pedro de Bolonha, principal porta-voz da defesa.

Em 5 de junho de 1311, a instrução foi declarada encerrada e transmitida ao Papa. Em 1º de outubro, o concílio se reuniu em Vienne, na região do Dauphiné. Para não ter que pronunciar uma condenação e abreviar qualquer debate, pela bula *Vox clamantis* o Papa pronunciava a extinção pura e simples da Ordem. Ele esperava deixar a questão em aberto. Mas o rei deixou a ele com deferência o julgamento dos dignitários do Templo. A Comissão Pontifícia teve que julgá-los com base em confissões recolhidas pelos inquisidores sete anos antes.

No dia 19 de março de 1314, o grão-mestre Jacques de Molay e os outros dignitários foram levados à esplanada da catedral Notre-Dame de Paris, para ouvir a sentença pronunciada contra eles: a prisão perpétua. Jacques de Molay e Geoffroy de Charnay se voltaram então para o povo e proclamaram sua inocência e a grandeza da Ordem. Um sargento colocou a mão sobre suas bocas. Eles eram reincidentes. Os cardeais os abandonavam ao braço secular.

Felipe os queimou na mesma noite em frente a seu palácio, na extremidade da Île de la Cité, na companhia de trinta e sete outros cavaleiros. Mas a coragem deles não esmoreceu. Seu último grito foi: "os corpos são do rei, mas as almas são de Deus!"

Felipe não se importava. Ele se beneficiava da devolução dos bens da Ordem do Templo.

A REABILITAÇÃO DE JOANA D'ARC

O processo de reabilitação de Joana d'Arc apresenta um outro tipo de partida. A abertura não é a mesma: acusadores e acusados estão mortos. Só resta o poder e a opinião pública. É aparentando obedecer à opinião pública que o poder a dominará.

Esse processo prenuncia os contra-processos modernos: fugindo do terreno perigoso do conflito, os amigos do acusado abrem, em sua ausência, um segundo processo, com participantes de sua escolha, no cenário de sua escolha. A justiça se livra de suas regras antiquadas, para se submeter abertamente àquelas que a encenação e a política lhe impõem.

Ao fazer o processo da Donzela, essa personagem misteriosa e contraditória, os cardeais, bispos, abades, doutores e sacerdotes do Tribunal de Rouen tinham, em vão, tentado, através dele, difamar "a causa do mui cristão rei de França". Eles tinham denunciado o comportamento de Joana como "uma falta ao dever de modéstia e humildade que convém a uma virgem", seu brasão de flores de lis como "ostentação e vaidade", suas roupas como vestimenta e adornos que os homens mais dissolutos têm se acostumado a vestir", sua casa militar indigna "de uma mulher casta e piedosa", sua coragem "um mero incitamento ao assassinato e ao derramamento de sangue humano", suas vozes as de "Satanás, Beliel e Behemot".

Depois de tê-la submetido a um debate sobre a fé, tinham registrado seu desprezo pela Igreja:

— "Se a Igreja militante lhe diz que suas revelações são ilusórias ou algo diabólico, você se reportaria à Igreja?

— Eu reportaria a Deus. Caso a Igreja me prescrevesse o contrário, eu não me dirigirei a nenhum homem no mundo, mas apenas a Deus, cujo mandamento sempre seguirei.

— Você não pensa que deve submissão à Igreja de Deus na terra, isto é, ao Papa, nosso senhor, aos cardeais, arcebispos, bispos e outros prelados da Igreja?

— Sim, eu me considero submissa a isso, mas servindo primeiro a Deus", ao que os juízes proclamaram:

— A referida Joana, admoestada a submeter todos seus ditos e fatos à determinação da Igreja militante, e avisada da distinção entre a Igreja militante e a Igreja triunfante, disse submeter-se à Igreja triunfante, recusando submeter-se à Igreja militante, e se demonstra assim incorrer em erro. Ela disse ser de Deus sem intermediários, reportando seus fatos a Ele e a Seus santos e não ao julgamento da Igreja".

Herética, cismática, tendo dito "desavergonhadamente 'tolices' e outras palavras ridículas, permitindo-se um tom de zombaria e escárnio que não convém a uma mulher santa", Joana foi condenada pelo Tribunal eclesiástico e entregue diretamente ao carrasco.

O processo de Joana, no entanto, havia resultado – apesar de suas confissões, apesar de suas posições heréticas, apesar do mistério de sua origem, apesar da Igreja, da Universidade de Paris e da força dos ingleses – em um fracasso, porque se chocava com o sentimento popular. O povo havia escolhido o lado da explicação divina; Joana soubera, de fato, exprimir por seus atos o sentimento nacional então nascente no reino da França. Esse sentimento ela o experimentara mais intensamente do que o rei e mais do que os Orléans. Estes, após a libertação de sua cidade, o outro, após a sagração, ainda buscavam uma paz de compromisso.

O relativo fracasso do processo de condenação não justificava, contudo, o rei diante da opinião pública. Pois, se Joana era bruxa, devia ele o seu trono ao diabo; mas, se era uma santa, ele a havia traído e abandonado. O difícil objetivo do contra-processo foi demonstrar, ao mesmo tempo, que Joana fora inspirada por Deus ao ajudar o rei a recuperar o trono e a fazer-se coroar em Reims, mas que o rei tinha razões sérias para nada ter feito a fim de salvá-la após sua captura.

É para responder a esse duplo objetivo que o contra-processo irá construir a personagem contraditória de Joana. Jamais um processo foi conduzido com tanta paciência e cuidado, com tanta clareza de objetivo e tanta flexibilidade nos meios. Centenas de testemunhas foram ouvidas, mas seus depoimentos estavam presos nas malhas estreitas de um questionário preciso que sugeria as respostas e não permitia nenhuma digressão.

Sobre a infância de Joana, jovem sábia e modesta, seu padrinho declara: "Joaninha, em sua primeira idade, era bem e convenientemente educada na fé e nos bons costumes, e de tal forma que quase todos os habitantes de Domrémy a amavam; e Joaninha conhecia sua crença, o *Pai Nosso*, a *Ave Maria*, como sabem as meninas de sua idade".

Jean de Novelonpont descreve a cavalgada inspirada da jovem "vestida com pobres roupas", encontrada em condições que, entretanto, ele omite de precisar: "perguntei-lhe quem era seu Senhor. E ela me disse que era Deus. E então, eu, Jean, que aqui testemunho, prometi à Donzela, colocando minha mão na dela em gesto de fé, que, com a ajuda de Deus, eu a conduziria até o rei".

Quando chegou a vez de seus companheiros de armas, senhores arrogantes e brutais, nenhum enunciou razões convincentes que os teriam levado a aceitar a companhia e, por vezes, o comando de uma mulher e de uma plebeia. Mas todos insistiram no papel proeminente de Deus em suas vitórias. Dunois, o bastardo de Orléans, disse: "Eu acredito que Joana foi enviada por Deus e que seus fatos na guerra eram mais de inspiração divina do que de espírito humano. Eis por que...", e enumerou os milagres que havia testemunhado. Em Orléans, por exemplo, Joana me disse as seguintes palavras: "Sois vós o bastardo de Orléans?" Eu respondi: "Sim, eu sou e estou feliz com sua chegada". E então ela me disse: "Fostes vós que dissestes para eu vir aqui, deste lado do rio, e que eu não fosse direto, para onde estão Talbot e os ingleses?" Eu respondi que eu mesmo e outros dos mais sábios havíamos dado tal conselho, acreditando fazer o que havia de melhor e mais seguro. Então Joana me disse: "Ah, meu Deus, o conselho do Senhor Nosso Deus é mais sábio e mais seguro do que o vosso... Eu vos trago mais ajuda do que qualquer soldado ou cidade já vos trouxe: é o socorro do Rei dos Céus...". Imediatamente, e como que ao mesmo tempo, o vento que era contrário, e que impedia que voltassem os navios nos quais estavam os alimentos para a cidade de Orléans, mudou de direção e se tornou favorável. Logo se içaram as velas, e eu fiz entrar as balsas e navios... e passamos além da igreja de Saint-Loup, apesar dos ingleses".

Jean d'Aulon,[16] senescal de Beaucaire, depois de descrever com a mesma admiração a tomada de Saint--Pierre-le-Moutier, concluiu: "Todos os fatos da Donzela pareciam-me mais divinos e milagrosos do que qualquer outra coisa e era impossível a uma jovem donzela conseguir tais obras sem a vontade e a condução de Nosso Senhor".

Mas esses milagres se interromperam quando da coroação do rei. A missão divina de Joana não iria além daquilo. Dunois afirma ter ouvido a própria Joana lhe dizer: "Ah, Deus, meu criador, que eu pudesse agora depor as minhas armas, ir servir meu pai e minha mãe, e tomar conta do rebanho, com minha irmã e meus irmãos, que ficariam felizes em me ver", acrescentando aos testemunhos truncados da contra-investigação um flagrante falso testemunho: a irmã de Joana já havia morrido há muito tempo; quanto a Pierre e Jacques d'Arc, eles serviam em sua companhia. A declaração de Dunois foi, aliás, contrariada pelas cartas em que Joana declarava inequivocamente que sua missão era expulsar os ingleses da França. Mas a nova tese isentava o rei, a Corte e a Igreja de qualquer responsabilidade pelas desgraças da Donzela, a partir do momento em que ela prolongava sua missão para além do prazo fixado pelos interesses conjugados dessas três potências.

Da infância cândida ao milagre da cavalgada de Orléans a Reims, a investigação desliza para os temas de

---

16 N.T.: Os nomes cuja tradução é consagrada, como Joana D'Arc ou Luís XVI, foram mantidos desta forma, os demais não.

traição e fracasso, a fim de insistir no martírio da praça do Velho Mercado em Rouen.

O Frei Isambart de la Pierre descreve o fim de Joana em termos chocantes: "Imediatamente após a execução, o carrasco veio até mim e até meu companheiro, Frei Martin Ladvenu, ferido e comovido com o arrependimento e uma terrível contrição, completamente desesperado, temendo jamais saber como pedir perdão e indulgência a Deus pelo que ele havia feito àquela santa mulher. E o carrasco dizia e afirmava que, apesar de todo o óleo, enxofre e carvão que ele havia aplicado nas entranhas e no coração de Joana, não havia sido possível, de modo algum, que se consumissem e se transformassem em cinzas nem as entranhas nem o coração, o que o surpreendeu tanto quanto um milagre evidente".

A habilidade da edificante imagem popularizada pelo contra-processo está em negar qualquer explicação humana na aventura de Joana, em transformá-la, até a coroação de Reims e, em seguida, até sua morte, em um milagre contínuo, no qual nem os homens nem o rei têm qualquer responsabilidade. Trata-se de uma tese que acabaria por se impor porque não feria o sentimento popular, senão que, ao contrário, apoiava-se nele. O que é notável é vê-la prosseguir sua existência subterrânea e depois dar novos frutos quatro séculos e meio mais tarde, graças a historiadores racionalistas como Quicherat. Eles levaram o clero francês a impor aos Papas, ao termo de dezenas de anos de esforços, a sua beatificação e, em seguida, sua canonização, em 1920. Da extrema-direita à extrema-esquerda na França, os partidos passaram então a aceitar a tese da camponesa inspirada e visionária.

DREYFUS

Mas, além da questão em jogo, a diferença entre um processo e uma partida de xadrez é que, neste último, a escolha do método não é arbitrária.

Os historiadores soviéticos evocaram, real ou imaginária, aquela longa vigília de Napoleão no castelo de Petrovskoé, perto de Moscou. A única forma de evitar a derrota da Grande Armée teria sido uma insurreição geral dos servos da Rússia. O imperador, sobre quem já corria o rumor de ser filho da Grande Catarina vindo libertar os mujiques, havia refletido sobre as revoltas de Pugatchov e de Mazeppa. Pela manhã, entretanto, renunciava a assinar o decreto abolindo a servidão. Porta-voz da burguesia, não podia tornar-se chefe de uma revolta camponesa. Escolheu a derrota militar. A escolha do acusado é da mesma natureza política. Apesar das aparências, não é nem fortuita nem acidental. Nunca se deve desconsiderar a atitude dos militantes acusados, pois, na nuance de uma defesa, projeta-se a traição do dia seguinte: as hesitações do acusado Rosenfeld, criticadas por Lênin, anunciam as tribulações de Kamenev.[17] A escolha do acusado é livre e necessária. É o fruto de toda a sua vida.

O processo Dreyfus, que, através de múltiplas peripécias, prolongou-se por um longo período, ofereceu várias vezes ao acusado a possibilidade de escolher entre a ruptura e a conivência. A ruptura dava a ele a

17 Léon Rosenfeld, chamado Kamenev, militante bolchevique, preso em 1914, desligou-se durante seu processo do derrotismo expresso no manifesto do Comitê Central. Opositor, em 1917, às "Teses de Abril", aliou-se a Stálin contra Trotsky, para depois romper com aquele em 1925. Foi executado em 1936, após o primeiro processo de Moscou.

possibilidade de "ganhar" o processo. No entanto, ele escolheu a conivência, livre e logicamente.

O ponto de partida do drama, como sabemos, era banal. Os serviços de informações franceses haviam recolhido na embaixada da Alemanha um documento manuscrito, um "boletim", que, em razão das informações confidenciais que continha, aparentemente só poderia ter sido fornecido por um oficial que trabalhava nos serviços do Estado-Maior francês. Logo surgiram suspeitas sobre o único oficial judeu, o capitão Dreyfus.

As perícias grafológicas contraditórias não foram conclusivas, as buscas não alcançaram qualquer resultado. Levado ao Conselho de Guerra, Dreyfus foi, ainda assim, apesar de suas negativas e dos esforços de seu advogado, o Dr. Demange, condenado à deportação perpétua. Foi enviado à colônia penal de Caiena, na Ilha do Diabo.

Dois argumentos convenceram os juízes: o testemunho de um oficial dos serviços secretos, o comandante Henry, e um dossiê secreto entregue ao Tribunal pelo Ministro da Guerra, o general Mercier. A defesa havia se limitado a alegar a ausência de provas.

Persuadidos da inocência de Dreyfus, seu irmão e seus amigos substituíram-se às autoridades para descobrir a verdade. Após quatro anos de felizes acasos, confidências inesperadas, sobreposições imprevistas e até mesmo a consulta de uma vidente, eles chegaram à convicção de que o verdadeiro culpado era outro oficial, o conde Esterhazy.

Incriminado, Esterhazy pediu para ser levado a julgamento. Foi absolvido após três minutos de deliberação. Ao substituir uma defesa de conivência por outra defesa de conivência, a defesa de Dreyfus conhecia seu segundo fracasso.

Foi então que interveio Zola. Ele não foi o primeiro a perceber, para além dos fatos da causa, a questão fundamental: o antissemitismo. Dreyfus havia sido condenado, na ausência de provas, apenas porque era judeu. O mérito de Zola foi ter tido a audácia de, enfim, abandonar o domínio do direito puro, de trocar a defesa pelo ataque e o Tribunal pela rua.

Em uma carta dirigida ao presidente da República e publicada por Georges Clemenceau no *L'Aurore*, sob o título "J'accuse", ele denuncia nomeadamente os acusadores de Dreyfus:

"Eu acuso o tenente-coronel du Paty de Clam de ter sido o diabólico artífice do erro judicial.

Eu acuso o general Mercier de ter se tornado cúmplice de uma das maiores iniquidades do século.

Eu acuso o general Billot de ter em suas mãos as provas certas da inocência de Dreyfus e de tê-las sufocado, de ser cúmplice desse crime de lesa-humanidade e de lesa-justiça.

Eu acuso o general de Boisdeffre e o general Gonse de terem se tornado cúmplices do mesmo crime, um sem dúvida por paixão clerical, o outro talvez por esse espírito corporativista que faz dos gabinetes de guerra a arca sagrada...

Eu acuso o general de Pellieux e o comandante Ravary de terem feito uma investigação sem escrúpulos...

Eu acuso os gabinetes de guerra de terem liderado na imprensa uma campanha abominável...

Quanto às pessoas que eu acuso, eu não as conheço, nunca as vi. Eu não tenho contra elas nem rancor nem ódio. Para mim, são apenas entidades, espíritos de maldade social. E o ato que eu realizo aqui é apenas um meio revolucionário para apressar a explosão da verdade e da justiça.

Que se atrevam a me levar a processo.

Eu aguardo".

A verdadeira batalha começava.

A acusação, pela primeira vez, recuou. Os chefes militares, pessoalmente atingidos de maneira tão injuriosa, não reagiram. Zola foi processado por difamação em um ponto menor, por ter afirmado que o Conselho de Guerra havia absolvido Esterhazy por ordem superior.

O processo foi aberto no Tribunal de Justiça do Sena no dia 7 de fevereiro de 1898. O pequeno clã Dreyfus, habituado a trabalhar "de maneira útil", estava chocado, mas Zola partia para a batalha com uma visão muito clara de seus objetivos: reabrir o processo. "Eu o proíbo de me defender", disse ele a seu advogado, o Sr. Labori. O Ministério Público também não se enganava. O advogado-geral denunciava, na abertura do processo, a "intenção escandalosa" da defesa de questionar a sentença condenatória de Dreyfus, tornada "definitiva".

Zola tinha o gosto pela desmesura, sem a qual não existe grande defesa de ruptura possível. Ele fez convocar duzentas testemunhas: generais, magistrados, peritos, ministros e adidos militares estrangeiros.

A autoridade militar deu instruções formais aos oficiais para não responderem à convocação. Mas o poder civil percebeu que essa deserção geral equivaleria a uma confissão. O Tribunal ordenou então que fossem ouvidos Auguste Mercier, Armand du Paty de Clam e Raoul Le Mouton de Boisdeffre. A imprensa "revisionista", intervindo no debate, publicava, no dia previsto para o depoimento deles, a correspondência confidencial trocada entre o general Gonse, chefe adjunto do Estado-Maior, e o coronel Picquart, chefe do segundo gabinete do exército, cuja leitura o presidente do Tribunal havia recusado em audiência. Dessa maneira, a defesa transportava para as ruas o debate sufocado no pretório. Ao fazê-lo, conseguiu sobrepujar a acusação.

O general Boisdeffre foi o primeiro a ser interrogado por Labori sobre as razões da transferência de Picquart para o sul da Tunísia.

"O coronel Picquart", respondeu ele, "estava em um estado de espírito que não lhe permitia ocupar-se de seu serviço de forma tão satisfatória quanto era necessário. Ele estava absorvido por uma única ideia".

LABORI – "Qual era a ideia que obsediava o coronel Picquart?"

PRESIDENTE – "Pode responder à pergunta?"

BOISDEFFRE (*nervoso*) – "Bem, não, eu diria que não, porque não devo responder sobre o caso".

No dia 11 de fevereiro, o coronel Picquart foi confrontado com Henry. Este ficou perturbado e confirmou a existência do dossiê secreto. Labori e Clemenceau caíram na gargalhada.

Em 16 de fevereiro, o Estado-Maior designou o general Pellieux para deter a contraofensiva da defesa. Confrontado com Picquart, ele também foi derrotado. Ele confirmou a confissão de Henry sobre o dossiê secreto.

No dia 18 de fevereiro, o general de Boisdeffre foi ao Tribunal para apresentar o ultimato do Exército ao júri. Se Zola não fosse condenado, o Estado-Maior renunciaria: "Vós sois o júri, vós sois a nação. Se a nação não tem confiança nos chefes de seu Exército, naqueles que têm a responsabilidade da defesa nacional, eles estão prontos a deixar a outros essa pesada tarefa. Basta-vos falar".

Os comerciantes de vinho e os rentistas do júri cederam. Setenta e duas horas mais tarde, Zola era condenado à pena máxima, um ano de prisão e três mil francos de multa. Mas o júri saía derrotado e Zola vencedor, pois ele havia alcançado o seu objetivo: reabrir o processo Dreyfus. A opinião pública havia despertado. Vanguarda da burguesia liberal e laica, a comunidade dos intelectuais se organizava, reunindo a Universidade, o Instituto, o Collège de France e escritores tão diferentes como André Gide ou Anatole France, Charles

Péguy ou Marcel Proust, Octave Mirbeau ou Jules Renard. Estava fundada a Liga dos Direitos Humanos. Os anarquistas levados por Louise Michel e os socialistas por Jean Jaurès misturaram-se aos liberais. O campo dos burgueses republicanos conquistava a maioria nas eleições realizadas sob o signo do perigo reacionário e clerical. Ele governaria a República quase ininterruptamente até 1940.

No próprio âmbito do caso, a carta de Zola provocava novas reviravoltas. Um oficial, apesar de ser anti-Dreyfus, provava que Henry havia cometido um erro para encobrir Esterhazy. Preso, Henry foi encontrado "suicidado" em sua cela. Esterhazy fugiu para Londres. Ao receber o pedido de revisão apresentado pela Sra. Dreyfus, o Tribunal de Cassação anulou a sentença do primeiro Conselho de Guerra e enviou Dreyfus novamente perante o Conselho de Guerra de Rennes.

O processo de Rennes se abriu na presença de Dreyfus, trazido da Guiana, "pedaço de carne viva disputada entre dois campos", como escreveu Barrès. Ele nomeou como advogados Demange e Labori. Mas tinha de escolher entre o método que prevaleceu nos primeiros processos, em que Demange o havia defendido, e o que havia inspirado Labori no processo Zola. A partir do momento em que seus ideais e preconceitos – excluindo o antissemitismo – eram os mesmos que os de seus juízes, Dreyfus esperava, apesar de sua origem, conseguir que sua inocência fosse reconhecida. Demange pensava como ele: "Não temos que ter aqui o processo do Estado-Maior, temos que cuidar apenas do capitão Dreyfus. Seu destino está nas mãos dos juízes que também são militares. Não se deve colocá-los na obrigação de escolher entre os generais e Dreyfus; eles não devem considerar que a absolvição de Dreyfus é a condenação de seus chefes".

Clemenceau, ao contrário, foi a favor da "ofensiva resoluta": "nosso objetivo é sermos vitoriosos diante da opinião pública, é isso o que importa. Os juízes estarão conosco se a nossa vitória for suficientemente decisiva e, se esses juízes não o fizerem – o que me parece impossível –, outros virão... Marchemos sobre os criminosos no banco dos réus, interroguemo-los, pressionemo-los, não lhes permitamos escapar, a vitória está nisso". Mas Dreyfus, em vez de ser "violento, injurioso, terrível", como aconselhava Clemenceau, escolheu ser "digno". Expressando a opinião de Dreyfus, o dreyfusista Cornely advertiu Labori contra um excesso: "A preocupação constante do Conselho de Guerra é salvar os generais acusadores. Daí decorre que o dever dos advogados que desejam advogar utilmente para seu cliente é poupar os generais e executar em seus discursos variações sobre este grito: 'Viva o Exército!'"

Labori desistiu de advogar em tais condições. Demange pronunciou uma belíssima defesa de conivência. Renunciando ao debate político, ele sustentou a dúvida: "Inicio a discussão com confiança, ela fará surgir dúvidas, possibilidades; fará, se quiserdes até, aparecer presunções; não trará, porém, a prova que a consciência de juízes como vós exige absolutamente para pronunciar uma condenação". Não era sequer a defesa de Marie Besnard; era a do bastonário Jaccoud.

Por cinco votos a favor e dois contra, Dreyfus foi considerado culpado e condenado a dez anos de prisão. Após uma negociação, ele obteve o perdão presidencial em troca da desistência de interpor um recurso de cassação, pagando sua liberdade por esse preço. Sete anos depois, para recompensá-lo por seu silêncio, o Tribunal de Cassação anulou a sentença de Rennes. Dreyfus foi reintegrado aos quadros do Exército como chefe de esquadrão. Ele foi sagrado Cavaleiro da Legião de Honra. O "Caso" estava concluído.

Após o processo do rei, o caso Dreyfus foi a mais importante expressão judicial de uma crise nacional na França. Um século depois, ele continua a ser objeto de grande atenção. Os intelectuais obtiveram aí uma vitória política decisiva, ao opor à repressão judicial clássica as armas da guerra político-judicial. Soube, por iniciativa de Zola, transferir a luta do terreno desfavorável dos Conselhos de Guerra, onde estava isolado, para o campo do Tribunal de Justiça, onde, ao contrário, conseguiu isolar o Exército. Usando contra o bloqueio processual da alta magistratura a nova força da imprensa, ele foi capaz de romper a frente governamental e arrancar das testemunhas militares a confissão de que eles haviam usado contra Dreyfus um dossiê secreto totalmente fabricado.

Esta vitória chocou os mestres da defesa de conivência porque ela não havia sido obtida segundo as regras previstas no Código Napoleônico e na Ordenança de Villerts-Cotterets. A defesa de Zola havia ignorado os princípios sacrossantos da autoridade da coisa julgada e da limitação estrita dos debates aos fatos da causa.

A derrota clássica do processo de Reunes não conseguiu, no entanto, resolver definitivamente a disputa entre as duas defesas. Pois não se trata de uma questão acadêmica. Trata-se dos próprios objetivos do debate judicial. Os métodos não podem ser diferentes do objetivo. Dimitrov e Dreyfus não podem se defender da mesma maneira.

FIDEL CASTRO

O encontro do Palácio dos Esportes, em Cuba, reclama a mesma reflexão: oito anos antes, no dia 26 de julho de 1953, cento e sessenta e cinco homens mal armados, liderados por um jovem advogado, Fidel Castro, haviam atacado o quartel de Moncada, em Santiago. Seu objetivo era tomar a cidade, as armas, a rádio, libertar a província do Oriente e estender a insurreição a toda a ilha. O ataque malogrou e a repressão foi brutal. Setenta dos executores dos ataques morreram em condições atrozes. No plano militar, foi um completo fracasso. Dois meses depois, em 1º de outubro de 1953, Fidel Castro comparecia perante o Tribunal de Santiago. O Tribunal de Batista não lhe oferecia nem alto-falantes nem televisão. Ao contrário, ordenava uma sessão sigilosa. Mas, naquela situação em que a amargura e a crueldade do fracasso poderiam tê-lo feito duvidar de tudo e de si mesmo, Fidel Castro pronunciou em sua defesa uma argumentação-programa transbordante de otimismo, que, sem a consagração da vitória seis anos depois, teria parecido a elucubração de um louco.

Ao promotor, que havia feito observações condescendentes sobre as chances de sucesso da expedição, Fidel Castro respondia detalhando seu plano. Na fase judicial de sua derrota, não duvidava de que o povo estivesse com ele. O povo, ou melhor, como ele disse, "os seiscentos mil cubanos sem trabalho, os quinhentos mil trabalhadores agrícolas, os quatrocentos mil trabalhadores da indústria, os cem mil pequenos agricultores, os trinta mil professores, os vinte mil pequenos comerciantes, os dez mil jovens intelectuais".

Algemado, o chefe derrotado falava ao povo trabalhador de Cuba: "A esse povo cujos caminhos de angústia estão pavimentados de traições e de falsas promessas, não dizemos: 'vamos te dar', mas: 'eis o caminho, e luta agora com todas as tuas forças para que a liberdade e a felicidade sejam tuas'". Fidel Castro não apenas expunha diante dos juízes o grandioso plano da insurreição prevista, mas sonhava em voz alta: enumerava as cinco leis revolucionárias que deveria proclamar após a tomada do quartel. A primeira dizia respeito precisamente à justiça, e as demais, à reforma agrária, à participação dos operários nos lucros industriais, à apreensão dos bens mal adquiridos, à drenagem dos pântanos, ao reflorestamento, à mecanização da agricultura, à moradia, à educação, à eletrificação e ao uso da energia atômica!

Quanto aos mercenários, por qual razão eles não aceitariam o debate público com Fidel Castro? Eles tinham uma oportunidade única. Invocar-se-á a derrota, mas Fidel Castro também havia sido vencido pelas armas; isso não o impedia de buscar o confronto político com os juízes de Batista. Invocar-se-á o perigo de represálias, mas esse perigo era ainda mais real para Fidel Castro e seus companheiros sob Batista do que para os prisioneiros sob Fidel. A coragem? A Fidel Castro incontestavelmente não faltava, mas seria injusto negá-la a todos os mercenários. A sinceridade das convicções? Não há razão alguma para duvidar da sinceridade de alguns dos invasores, de sua fé nos valores ocidentais da livre iniciativa e do parlamentarismo. A falta de ligação com o povo? Mas o aviador Powers, em Moscou, contava indiscutivelmente com a simpatia da opinião pública americana; no entanto, comportou-se como um espião banal e arrependido, enquanto, em plena guerra, na solidão de Tóquio, abandonado por Stálin – poderia agir de outro modo? –, o espião Sorge se comportava como um soldado.

Além de todas as explicações parciais, intervém na escolha do acusado um elemento subjetivo essencial, quaisquer que sejam as circunstâncias ou as ameaças: a confiança na causa a que ele se dedica. O sentimento de uma fraternidade mais forte do que a morte. Aquela da qual fala Fucik, torturado e traído, quando ele escreve "sob a forca": "as celas têm mãos, você sente como elas o seguram, para que você não caia quando voltar, depois das torturas do interrogatório. As celas têm olhos, olham para você, quando vai para a execução".[18] A fé de Fidel Castro após a derrota de Moncada permanecia intacta, a de Pepe San Roman, após a derrota da Baía dos Porcos, estava profundamente abalada. "Eu odiava os Estados Unidos, ele diria mais tarde, e pensava que tínhamos sido traídos. Eu estava ficando louco, eu queria um rifle para lutar contra os americanos". Se Carlos I zombasse do presidente da Câmara dos Comuns ("é isso que você chama levar o rei diante de seu Parlamento?"), é porque ele permanecia rei, enquanto Luís XVI estava moralmente privado de sua coroa desde o dia em que tinha assinado, contra suas convicções mais profundas, a Constituição Civil do Clero.

Um processo não é uma armadilha do destino. Todo o seu desenrolar depende da escolha do acusado. Em nenhum outro lugar são dadas a um homem tantas chances de vencer tantas forças coligadas. Está desarmado apenas aquele que deita fora as próprias armas. Já se disse que a ambição sem competência é um crime; também a desgraça sem coragem o é.

OS PROCESSOS DA F.L.N.

A tradição de revolucionários que morrem sem conhecer a vitória, porque os tempos não estão maduros – como Spartacus, Thomas Munzer, Babeuf ou os participantes das Comunas –, terminou com Lênin.

A impossibilidade de uma vitória não significava a ausência de contradições sociais antagônicas, mas sim que a hora de sua solução não havia chegado. A atitude dos acusados nos antigos processos de ruptura se ressente disso. Sócrates ou Jesus opõem à acusação a

---

18 FUCIK, Julius. *Écrit sous la potence.* Paris: Seghers, [s.d.].

intransigência de suas ideias ou de sua fé; no entanto, eles não contestam a lei ou os juízes que vão atingi-los. Mais ainda, aceitam o veredito.

Sócrates recusa-se a fugir; Jesus, enquanto proclama sua realeza, carrega sua cruz. Aliás, que outro Tribunal poderiam eles invocar contra aquele que os julgava? É de 1917 até os dias de hoje, especialmente desde o final da Segunda Guerra Mundial e a vitória da Revolução Chinesa, que se produz um aprofundamento acelerado nos processos de ruptura. Duas concepções irredutíveis se enfrentam à escala mundial, cada uma apoiada por homens, países e organizações.

O acusado, mesmo algemado, apresenta-se em nome de outra ordem e de outro mundo. "Toda uma concepção do mundo nos separa. Existe um abismo entre nós", declarava Edgar André, dirigente comunista de Hamburgo, a seus juízes nazistas.

Essa subversão da guerra judicial não se fez de uma só vez. Se Dimitrov, em seu processo, não se limita ao debate de ideias, mas aproveita para enfrentar publicamente o inimigo, ele não vai ao ponto de, sendo búlgaro na Alemanha, contestar a competência do Tribunal de um governo alemão, ainda que nazista, resultante de uma consulta feita ao povo alemão.

É preciso esperar pelos processos da F.L.N. para ver os acusados argelinos na França oporem a exceção de incompetência aos Tribunais franceses e acusarem seus juízes em nome de outra legalidade. O processo de ruptura chegava ao seu limite.

Fatos de ruptura total – contestação da competência dos juízes – e de enorme mobilidade, combinando mudanças bruscas de campos de batalha judicial com o apelo às imensas reservas de simpatia no mundo inteiro; fazendo, pela extensão da luta coletiva de todos os acusados, de todos os processos uma única batalha prolongada, os processos da F.L.N. marcaram escandalosamente a desintegração da justiça e, em meio aos clamores, sua passagem qualitativa à guerra revolucionária.

Herdeira dos movimentos nacionalistas argelinos que o precederam – a União *Democrática* do Manifesto Argelino e o Movimento para o Triunfo das Liberdades *Democráticas* –, a F.L.N. havia herdado seu sistema de defesa, que consistia – tal como ocorrera com o Movimento *Democrático* da Renovação Malgaxe, em Madagascar, ou com a Reunião *Democrática* Africana, na África negra sob domínio francês – na denúncia dos regimes de exceção (o decreto Régnier na Argélia) e na reivindicação das "liberdades democráticas".

Mas a partir do momento em que os militantes da F.L.N. tomaram consciência da inutilidade de tal reivindicação dentro do quadro colonial – e a insurreição é a primeira forma dessa tomada de consciência –, uma mutação deveria ocorrer no plano judicial. Qualquer referência à lei colonial logo passou a ter como único objetivo revelar sua impostura. Essa é a fonte dos debates processuais pelos quais a defesa, segundo sua expressão, pretendia "esvaziar os monstros jurídicos" com os quais o governo francês tentava justificar simultaneamente sua dominação e sua repressão.

Com efeito, no plano jurídico, as sucessivas teses francesas estavam viciadas por contradições fundamentais:

– ou bem os prisioneiros argelinos eram malfeitores; nesse caso, convinha reservar-lhes todas as garantias legais concedidas aos delinquentes de direito comum; mas isso era impossível, a menos que se paralisasse completamente a repressão (essa foi a origem das tensões muito fortes entre oficiais paraquedistas e certos funcionários civis);

– ou então o governo francês aplicava aos argelinos uma legislação de exceção, mas, ao fazê-lo, negava a sua própria tese de uma simples operação de polícia dirigida contra nacionais; era assim fácil para os advogados formular a esse respeito aos juízes – que nada podiam – perguntas "de uma rara insolência".

A reivindicação das liberdades democráticas, ao tornar-se um mero tema de polêmica em que já ninguém acredita, dá lugar ao surgimento de um tema positivo central: a afirmação de uma nacionalidade argelina independente. O objetivo do debate judicial se assemelha, assim, ao da revolução. O processo torna-se abertamente um processo de ruptura, estágio que, em geral, não haviam atingido os processos anteriores na Argélia ou em outros países africanos e malgaxes envolvidos na luta anticolonialista.[19] Esta afirmação não se faz mais, com efeito, no âmbito da lei interna francesa, senão que no âmbito do direito público internacional; daí o recurso tão frequente à opinião pública internacional, que os juízes interpretarão como ameaças e manobras, e que darão aos processos seu tom particularmente violento. Processados sob acusações de assassinatos, destruição de imóveis por explosivos, associações criminosa e atentado à segurança do Estado, os prisioneiros argelinos reivindicam perante os Tribunais franceses o estatuto de beligerantes. Desde o início, levantam a exceção de incompetência contra toda a justiça francesa. O Estado argelino afirmava, desta maneira, nas salas dos Tribunais, sua existência, sua autoridade e sua legitimidade. O próprio volume das detenções, aliás, já era suficiente para desmentir a tese do governo francês de um conflito interno entre um governo soberano e um bando de malfeitores.

Essa maturação fez-se progressivamente, à medida que avançava a guerra de libertação, mas é possível, no

---

19 À exceção do julgamento de Hamed Yazid, em Argel, em 1948, e do UPC nos Camarões, nos anos 1950.

entanto, datar oficialmente o nascimento dessa nova Defesa. Ela resulta de uma diretiva aos prisioneiros argelinos emanada do Comitê de Coordenação e de Execução – então órgão supremo da F.L.N. – de dezembro de 1956. Os advogados argelinos do primeiro "coletivo" mal tiveram tempo de engajar essa ofensiva judicial; seriam presos e internados três meses mais tarde. A tarefa caberia ao segundo coletivo.

No quadro dessa defesa, outro tema vai se transformar. Trata-se da denúncia das torturas. Até então, ela não estivera ausente dos processos da descolonização – havia, aliás, se tornado rotina –, mas a orientação geral dos processos limitava seu alcance. A defesa procurava um meio de contestar confissões extorquidas e, ao mesmo tempo, de denunciar a violação, nos países coloniais, das liberdades democráticas metropolitanas.

Doravante, a denúncia da tortura ultrapassará o quadro da defesa estrita para tornar-se, em escala mundial, uma denúncia do crime do colonialismo, do qual ela não é senão um dos aspectos. A defesa dirigir-se-á menos aos juízes – de quem não espera reparação – do que à opinião internacional, a fim de reclamar sua solidariedade na luta do povo argelino pela independência nacional.

O papel da defesa, a única capaz de forçar o silêncio e o bloqueio dos lugares proibidos, consistia, assim, em provar, por meio de denúncias, laudos médicos e, de modo geral, todas as formas processuais, o uso indiscriminado da tortura. Do caso Djamila Bouhired, em 1957, perante o Tribunal das Forças Armadas de Argel – denúncia de um caso individual de tortura –, ao caso Gangrena, em 1958 – denúncia da extensão da tortura na França –, e depois o caso dos Desaparecidos, em 1959, a progressão na denúncia foi constante. Passo a passo, o objetivo era mostrar que o massacre do povo argelino não era obra de alguns executores, mas a própria substância mesma de toda guerra colonial, a substância mesma do colonialismo.

Essa planificação da guerra judicial se tornou possível pela rigorosa organização dos prisioneiros argelinos, a única coisa capaz de romper a dispersão da detenção e de utilizar suas centenas de processos para proclamar, no próprio seio do inimigo, as palavras de ordem políticas da F.L.N.

Um dos grandes êxitos da F.L.N. foi a organização da detenção. Esta tarefa foi de tal magnitude que certamente nenhuma outra organização jamais assumiu algo semelhante em toda a história. As autoridades francesas empreenderam uma repressão judicial em massa, cujo balanço aproximado pode ser fixado em cem mil pessoas detidas ou submetidas à prisão domiciliar. Levada a cabo primeiro pelo C.C.E., antes de sua partida de Argel, e depois concluída pela Federação da França – que podia se valer das maiores dificuldades da repressão e das ligações internacionais mais fáceis no território metropolitano –, esta organização, ao fim de alguns anos, foi capaz de desencadear, simultaneamente, greves gerais de fome em todas as prisões da França e nas principais prisões da Argélia. Ao mesmo tempo, essas greves gerais políticas levaram à conquista, pelos detidos, de condições de luta mais favoráveis: eleições de comitês de detenção responsáveis, controle da disciplina interna, formação e condições de vida dos prisioneiros.

Nasceu assim uma defesa coletiva. Forma extrema da defesa de ruptura nas condições da revolução colonial do século XX, tal defesa foi objeto de veementes críticas. Acusada de negligenciar – ao não permitir o diálogo e as "explicações profundas" – o "interesse do cliente". Essas críticas "liberais" não perceberam que, com a mutação da defesa, tais explicações já não seriam do interesse dos juízes, podendo inclusive levar ao contrário do resultado esperado. No processo do atentado contra o Sr. Soustelle, depois de um acusado declarar: "Não tenho mais família; ela foi totalmente morta pelos paraquedistas durante uma varredura", o comissário do governo replicou: "Isso não tem nada a ver com o processo". A severidade de suas requisições contra o acusado provava, no entanto, que ele havia levado isso em conta, mas em seu desfavor. A partir do momento em que um homem diz: "jamais esquecerei a maneira como meu pai foi morto por vocês", os juízes concluíram, com razão, que ele era irrecuperável. Nos processos de ruptura, as circunstâncias do direito comum, como dissemos, são invertidas: o estado de necessidade moral vale como circunstância agravante; uma longa ficha criminal funciona como atestado de respeitabilidade política. No processo dos sabotadores do depósito petrolífero de Mourepiane, perto de Marselha, em 1958, o único acusado absolvido foi um notório traficante: aos olhos dos juízes, ele não podia ser um patriota.

Os fatos já não os interessavam mais. A confissão não passava de um pretexto que era necessário arrancar o mais rapidamente possível para legalizar execuções politicamente "necessárias". Após o duplo massacre de El-Halia, durante o qual morreram trinta e cinco europeus e setecentos argelinos, um inquérito foi aberto apenas no que dizia respeito aos primeiros, sendo a circuncisão considerada uma desculpa de provocação para os assassinos dos segundos. Camponeses detidos em aldeias vizinhas e interrogados por diversos meios durante cinco, dez, quinze e trinta dias, todos fizeram confissões perfeitamente compatíveis com as declarações do médico legista. Infelizmente para a acusação, este se enganara e misturara suas anotações. Era difícil condenar homens à morte com base em tais confissões. Mas um velho e seu filho tiveram a infelicidade de admitir apensa uma tentativa fracassada. Nenhuma prova negativa poderia inocentá-los. Foram condenados à morte.

Somente quando a opinião pública era alertada pelo escândalo de um processo sem concessões é que o governo recuava diante da execução dos condenados à morte. Porque sua decisão, política por essência, precisava levar em conta a resistência da opinião pública. Se o governo francês se decidisse um dia a publicar a lista completa dos condenados à morte executados, seria surpreendente ver até que ponto a defesa de conivência foi mortífera e até que ponto a defesa de ruptura poupou vidas humanas.

Durante anos, os processos dos acusados da F.L.N. ocuparam as primeiras páginas da imprensa francesa e, muitas vezes, da imprensa internacional, provocaram manifestações de rua e debates parlamentares. Por meio de tantos processos de grande visibilidade, as ideias da revolução ganharam corpo e assumiram rostos humanos, para fornecer às multidões da África, da Ásia e da América Latina, e mesmo à esquerda ocidental, as figuras dos heróis de hoje: mais fortes do que a morte e a tortura. Os militantes processados expressaram em gestos simples e palavras modestas os ideais da revolução do século XX, a grande mudança do mundo atual. Não se trata, aqui, de evocar novamente seus rostos, mas sim de tentar extrair de sua experiência coletiva lições sempre úteis para os militantes encarcerados. Eles venceram porque:

I. Souberam, em sua maioria, ter confiança em sua causa – e havia nisso certo mérito, quando o chefe de Estado soviético declarava ao secretário-geral do Partido Socialista Francês que a questão argelina era um assunto puramente francês, e que os próprios países árabes exerciam uma pressão mal dissimulada sobre a F.L.N. para impor o fim da "aventura".

II. Por essa razão, eles souberam, com raras exceções, "assumir o risco", seguindo a expressão de Sócrates, e não calcular o preço da vitória. Apesar da violência da repressão e da pressão conciliadora de seus aliados franceses progressistas de todos os tipos, eles defenderam, sem perder o rumo, tanto a plataforma quanto os métodos de luta da F.L.N.

III. Eles não se deixaram isolar da Revolução para aceitar o estilo de uma defesa de conivência puramente individual.

IV. Eles recusaram o diálogo com a acusação, mesmo quando este foi apresentado como tática. A ruptura da defesa no processo da rede Jeanson não teve outro motivo. "Vai se danar", disse um deles ao comissário do governo.

V. Retomando, por sua conta, a afirmação de Carlyle: "Quando a ordem significa escravidão e opressão, a desordem é o começo da justiça e da liberdade", eles opuseram à lógica formal da acusação a lógica mais simples e mais forte dos povos que recusam a escravidão colonial.

VI. Eles souberam quando era preciso mudar de campo de batalha judicial e impor o seu próprio. O segundo processo de El-Halia se desenvolveu menos no terreno jurídico da contra-autópsia das vítimas francesas, do que na contra-acusação política de genocídio formulada contra as tropas de repressão.

VII. Eles souberam, quando necessário, internacionalizar o debate para modificar a correlação de forças, concentrando o esforço nas zonas mais favoráveis ou mais nevrálgicas do momento: países árabes, países socialistas, a ONU e organizações internacionais. Até o Papa e Arthur Koestler intervieram para protestar contra este ou aquele aspecto da repressão.

VIII. Eles souberam utilizar todas as armas modernas de informação: edição, imprensa, radiodifusão-televisão, cinema. Livros traduzidos para uma dezena de línguas, um filme difundido perante milhões de espectadores, impressos especiais com dezenas de milhares de exemplares contribuíram para popularizar, através dos processos, a luta do povo argelino nos quatro cantos do mundo.

IX. Todos aqueles que lideraram a luta judicial de acordo com tais regras ganharam, não apenas política, mas também pessoalmente. As mulheres que colocaram bombas em Argel, os sabotadores da Organização Especial na França – nenhum dos quais foi executado após ter conduzido processos intransigentes – demonstraram mais uma vez que, em nossa época e do ponto de vista pessoal, a defesa de ruptura é a mais eficaz.

CONCLUSÃO

A MORAL DA HISTÓRIA

A justiça é um dos nomes da necessidade. Não se trata de justificar a violência – que dela zomba –, mas de constatar que ela reina. Não se trata de justificá-la, senão procurar saber para quem, por quem e contra quem ela é exercida.

Um exército expedicionário, por exemplo, isolado em meio a uma população hostil, objeto de emboscadas e atentados, consegue conduzir uma guerra tradicional, em conformidade com as Convenções de Genebra? Não estará ele necessariamente condenado à utilização da tortura ou ao massacre das populações? À violação dos direitos humanos, quer dizer, das regras do direito comum? Reconhecer esta evidência não é aprovar tais atos, mas encontrar a raiz do mal, a fim de propor o único remédio capaz de dar fim a isso: a vitória dos povos e a derrota do corpo expedicionário. Denunciar a tortura, ao contrário, sem referência a seu contexto político, tratar o carrasco como criminoso e fingir acreditar na consciência do Ministro, insistir na denúncia resignada do cabo ou tenente, é tentar fazer acreditar que uma guerra colonial pode ser feita usando luvas brancas, sem derramamento de sangue, com a Carta da ONU nas mãos. A desonestidade, aqui, não está no campo dos modestos trabalhadores, mas sim no das consciências liberais que os enganam em tais circunstâncias.

A denúncia dos "crimes" de Stálin também não escapa a uma confusão deliberada. Negligencia-se a análise das condições político-sociais dos processos. É em nome de uma legalidade socialista desencarnada, isto é, do direito comum, que os críticos póstumos do ditador pretendem "julgar" tanto o fim dos gulags quanto os erros políticos dos processos de Moscou.

O efeito de tais indignações sem análises é fazer recair unicamente sobre a "personalidade" de Stálin o peso dos erros cometidos pela burocracia soviética, confundir em uma mesma comiseração os inimigos de classe e os militantes injustamente atingidos e, por fim, reabilitar aqueles em nome da piedade normal devida à memória destes.

Protestar contra a violência inevitável dos Estados em relação àqueles que atentam contra sua ordem pública é hipócrita e vão. Não há inocentes no combate político. Defender a ordem ou atacá-la sempre envolve sacrifícios humanos. A partir do momento em que, Ministro ou militante, se aceita arriscar a vida de outrem, como se pode indignar com o fato de outros poderem também dispor da sua?

Para apreciar a degeneração do trotskismo, basta medir a distância que separa a violência otimista de *Terrorismo e comunismo*, escrito pelo ousado comissário do Exército Vermelho, dos apelos do mestre derrotado e seus epígonos isolados para a opinião pública ocidental contra a execução de seus amigos. A indignação vulgar do relatório secreto do Sr. Khrouchtchev sobre os "crimes" atribuídos a Stalin ajuda menos a reflexão crítica do que o faria a simples publicação objetiva das sentenças judiciais e das informações completas sobre seus modos de execução.

Pois o mundo sem a justiça de ruptura não é um mundo sem leis, onde tudo seria permitido. Ao contrário, pela maneira como o poder resolve seus conflitos judiciais de ruptura, é possível avaliar seu conteúdo, seu futuro, sua força.

Imbuído de sua missão, não esconderá o verdadeiro caráter da justiça de combate que é chamado a exercer; se duvida, hesita, tentará travesti-lo com as categorias do direito comum. Se contar com o apoio popular, implacável, não terá qualquer razão para usar a tortura e os abusos. De que serve fazer "confessar" quando se tem a franqueza de imputar como crime aquilo que o direito comum não designa como tal? Em contrapartida, um poder isolado das massas quererá obrigar seu inimigo a entrar em seu jogo antes de abatê-lo, fazendo-o confessar atos que não cometeu.

É preciso opor a publicidade dos debates ao julgamento a portas fechadas, mas também se pode distinguir entre as diversas formas de publicidade. Tal regime dará ao processo de ruptura um estilo de linchamento para arrancar o apoio da opinião pública, enquanto outros darão um estilo didático a fim de educá-la.

São esses os critérios que permitem avaliar um processo de ruptura. Eles evidentemente nada têm a ver com as categorias do direito comum, às quais se pretende reduzi-los. O fim aqui não justifica os meios, apenas os explica.

No entanto, porque a justiça penal coloca seriamente em causa a existência dos homens, será ela por muito tempo objeto de mal-entendidos: uns nela buscando um avatar do poder divino, outros o germe de uma ciência moral. Trata-se de uma arte, sem dúvida a mais desconhecida e a mais trágica, mas também a mais atual.

Ao lidar com pessoas antes de lidar com forças sociais, a arte judicial é criadora de personagens; Catilina ou Julien Sorel pertencem ao nosso universo cultural, assim como Fausto ou Monalisa. Eles mantêm com seus modelos as mesmas relações ambíguas.

Eis o paradoxo dos processos de ruptura: o indivíduo faz de tudo para se apagar e, ao mesmo tempo, para o bem do seu projeto, não deve ser inteiramente bem-sucedido. É através dele que a ideologia da qual é porta-voz, a ação da qual é o vetor, assumem contorno humano e valor de exemplo, e que o processo pode expressar a dialética das relações indivíduos-sociedade, que é a sua própria destinação.

A arte judicial, contudo, não se confunde com a literatura, exceto, no limite, quando a ausência de uma das partes deixa o campo livre à outra. É o caso das *Verrinas*.

Após a primeira sustentação de Cícero sobre a matéria de fundo, na qual situara politicamente o caso, tanto em relação ao acusado quanto aos próprios juízes ("este é um caso em que proferireis um julgamento sobre um acusado, mas no qual sereis vós mesmos julgados pelo povo romano"), a audiência das testemunhas e a leitura dos documentos haviam sido tão avassaladoras para Verres, que, tornando-se incômodo até para seus próprios amigos, não assistiu mais aos debates sob o pretexto de uma doença. Felizmente para ele, no mundo antigo, período em que a extradição não era organizada, havia um modo menos célere do que o suicídio para se livrar de um acusado: o exílio voluntário. Mais afortunado do que Stavisky, Verres deixou Roma antes do fim de seu processo. O Tribunal teve ciência do fato e o condenou, em 20 de setembro de 70, à revelia, às reparações reclamadas pela acusação (40 milhões de sestércios, o equivalente a 8 milhões de francos-ouro).

No espírito de seus amigos, a partida de Verres deveria permitir o escamoteamento de um debate perigoso. Se não fosse mais que um advogado técnico, sem imaginação nem paixão política, Cícero poderia ter considerado seu papel como encerrado. Preferiu, entretanto, usar a ficção judicial para continuar a batalha na opinião pública e publicou as cinco *Verrinas* imaginárias que ele teria pronunciado se Verres não tivesse fugido.

Preciosas para o historiador, pois fazem penetrar "sem frases inúteis no próprio coração da realidade" (Carcopino), as *Verrinas* contêm um quadro surpreendentemente atual da condição colonial na época romana.

Na Sicília, "a própria terra parecia lamentar seu cultivador e chorar por seu proprietário". Por outro lado, como questor, depois pretor urbano, legado, propretor, Verres tornou-se o símbolo da corrupção e da arrogância da classe senatorial, culpada, tanto por suas extorsões quanto por lesa-majestade contra o povo romano. O tempo da renovação havia chegado: "Que a nossa brilhante nobreza deixe de lamentar que o povo romano confie – e sempre tenha confiado de bom grado – as honras a homens novos cheios de atividade. Não se deve lamentar que, em um Estado tornado senhor dos povos graças ao mérito pessoal, seja o mérito pessoal a ter primazia".

No final do processo, como se sabe, a lei *Aurelia* retirava da ordem senatorial o monopólio do júri. O valor literário das *Verrinas* não havia prejudicado, senão que havia contribuído para sua eficácia judicial e política. Trata-se, contudo de um caso limite.

A arte judicial é uma arte autônoma, cujo critério não é a sobrevivência da defesa ou da acusação, mas a amplitude da onda que o processo deixa na história e que, décadas ou séculos depois, continua ainda a intrigar ou a comover.

O artista judicial, como qualquer artista, toma a realidade do processo como trampolim, não para refutar, discutir ou procurar um álibi, mas, ao contrário, para tornar-se independente e propor aos homens uma certa maneira de viver. Um herói judicial é sempre, em menor ou maior medida, queira ou não queira, um herói de ruptura.

Assim, no curso do próprio processo, o casal Rosenberg negligenciou as armadilhas do destino judicial, as falsificações da polícia e as invenções do cunhado, para aparecer tal como seu processo os transforma: o casal mais trágico da Guerra Fria. Que nos importa agora se transmitiram ou não o segredo da bomba; o que nos oferecem está além do processo: é a coragem da fidelidade, o exemplo de um homem que prefere sentar-se na cadeira elétrica a mentir ou ceder, de uma mulher que prefere juntar-se a ele ali a separar seu destino do dele diante da morte; é o silêncio obstinado do telefone instalado para uma eventual retratação. Iniciado como um processo de espionagem, nas fronteiras do direito comum, o caso Rosenberg evolui, à medida que se amplificam o protesto da opinião pública no mundo e o pânico na Casa Branca, até se tornar um processo de ressonância internacional, no qual, em pleno século XX, o confronto político se colocava em termos morais.

Em outros casos, anos mais tarde a metamorfose será feita, como para Sorge e seus amigos, em particular Hosumi Ozaki, cujas cartas, publicadas em 1946, dois anos após sua morte, foram difundidas em centenas de milhares de exemplares. Se ele permanece entre nós, não é pela intriga policial de que foi vítima ou ator, mas pelo modo de viver e de morrer que ele nos propõe, ao mesmo tempo despreocupado e heroico: homem "caloroso como o jade", segundo a expressão do Ministro da Justiça, e cujo único defeito foi ser "demasiado sonhador". Ele aconselhava a sua filha Yoko a intransigência da felicidade: "peço-te que não te deixes atingir pela infelicidade. Nunca devemos ceder ao sofrimento. A pior coisa na vida é capitular".

Jogo, espetáculo, técnica? O processo é tudo isso, mas o jogo não é gratuito, o espetáculo não tem na beleza sua única preocupação, a técnica não é despersonalizada porque se expressa por e para os seres humanos. É uma visão da vida. Uma arte de viver.

É por isso que o advogado criminalista, "esse artesão de crime e de traição", como dizia Napoleão, deve ser diferente do advogado de negócios.

Como compreender um criminoso sem ter, nem que tenha sido uma única vez, ao menos em imaginação, provado as raízes do crime? Como defender a ordem social se não se fez intelectualmente seu percurso? O auxiliar de justiça deve, como o artista do Império Médio, "conhecer o passo do homem, o andar da mulher e as poses dos onze pássaros".

O advogado Fulvius poderia ter defendido Spartacus se não tivesse, certa noite, saltado os muros de Cápua para juntar-se à revolta dos escravos? O juiz Pórfiro poderia ter desmascarado Raskólnikov se também não tivesse, um dia, sonhado com um belo crime? Como debater um modo diferente de viver, de ver, de amar ou de morrer se não se tomou distância, como o acusado, em relação à realidade social do momento, se não se colocou diante dela para interrogá-la? Como dialogar com o futuro sem distender seus laços com o presente?

Onde está a moral que a visão clássica coloca no centro do processo? Ela ilumina os processos de conivência. Não está ausente dos grandes processos de ruptura, mas aí se torna a moral da história. É ela que dá orgulho a Carlos I, porque ainda não havia chegado o tempo em que os reis da Inglaterra deveriam deixar a cena, mas que decompõe por dentro Luís Capeto para entregá-lo desarmado à Convenção. É ela que faz Dreyfus contentar-se em viver com um quarto galão, mas que conduz Saint-Just em silêncio à morte, aos vinte e sete anos; que coloca a mão sobre a boca do grão-mestre do Templo, mas oferece em 1964 ao militante vietnamita Nguyen Van Troi, na Saigon ocupada, uma coletiva de imprensa antes de morrer sob as balas do pelotão de fuzilamento.

A Editora Contracorrente se preocupa com todos os detalhes de suas obras! Aos curiosos, informamos que este livro foi impresso em papel Pólen Natural 80 g/m2.